무디 설교집 1

무디 설교집1

· 초판 1쇄 발행 2012년 3월 20일

· **지은이** D.L 무디 · **엮은이** 김충남
· **펴낸이** 민상기 · **편집장** 이숙희 · **펴낸곳** 도서출판 드림북

· **등록번호** 제 65 호 · **등록일자** 2002. 11. 25.
· 서울 중구 충무로3가 25-17 더우빌딩 3층
· Tel (031)829-7722, 070-8882-4445 Fax(02)2272-7809
· 필름출력 주신그래픽스 · 인쇄 믿음인쇄 · 제책 동신제책사
· 총판 : 하늘유통(031-947-7777)

· 책번호 52
· 잘못된 책은 교환해 드립니다.
· 이 출판물은 저작권법에 의해 보호를 받는 저작물이므로 무단 복제할 수 없습니다.
· 독자의 의견을 기다립니다.
· www.dreambook21.co.kr

청교도의 신앙으로 복음의 불길을 붙인 진정한 전도자

무디 설교집 1

김충남 엮음

드림북

엮은이의 말

    세월의 연속 흐름 속에 미국에서 목회한 지 벌써 38년이 흘렀다. 목회의 여정을 통해서, 과거에 비해 신사조의 물결로 인하여 미국의 청교도 신앙이 점점 퇴색되어 가고 있는 것이 매우 안타깝게 여겨진다. 이러한 신앙적인 위기 속에서, D.L.무디의 설교는 우리의 신앙을 다시금 일깨우는 데 큰 도움이 되리라 믿는다.

    돌이켜 보건대, 38년 전 시카고에 선교사로 파송된 후 처음 시작한 것이 미시간 호숫가 에서 새벽기도를 한 것이었다. 그 때 기도의 응답으로 교회를 개척하게 되었고, 교회가 부흥함에 따라 현지에서 더 깊은 신학공부의 필요성을 느껴 신학교를 물색하였다. 시카고 시내에 있는 멕코믹 신학교(McCormick Theological Seminary)는 자유주의 신학이 강하여 나의 신앙과 맞지 않았고, 트리니티 신학교(Trinity Seminary)는 목회지와 너무 먼 거리였기에 갈 수가 없었다. 그런데 '무디 바이블 인스티튜터'(Moody

Bible Institute)는 자동차로 15분 정도의 거리였기 때문에 쉽게 가서 공부를 할 수 있었다.

그러나, 한국의 총회신학교에서 석사과정까지 마쳤기 때문에 '무디 바이블 인스티튜터'에서 수강할 만한 과목이 없었지만, 선배 목사님의 권고로 강의를 듣게 되었다. 등록을 마치고, 첫날부터 시작된 D.L. 무디의 영성, 요한계시록, 사도행전 등 여러 과목을 통해서 깊고 스피리츄럴 (spiritual)한 강의에 은혜를 받았다. 특히, 무디의 영성을 강의하는 Dr. Oll 교수님의 강의에 나는 큰 도전을 받았고, 그의 강의에 매료되어 2년간 '무디 바이블 인스티튜터'에서 수학하게 되었다. 과연 당시 Oll교수님의 강의는 예수님의 재림과 청교도 신앙의 구심점을 잘 접목시킨 명강의였다. 그리고 가끔 강의중에 청교도 신앙이 퇴색해가는 미국의 미래를 예언하듯이 역설하고, 눈물 섞인 목소리로 학생들의 심금을 울렸다. 강의를 마친 후 학생들에게 신앙의 회복을 위해 통성기도도 시켰다. 나는 그때 미국의 어느 신학교에서보다 큰 은혜를 받았었다. Oll 교수는 그 무렵에도 가장 연세가 많은 교수였고, 곧 은퇴 예정의 교수님이었다. 그러나, 그의 강의만은 항상 학생들에게 꿈과 비전을 주었고,

무디의 신앙을 이어받을 수 있는 메시지였다.

나는 그때 그 감동의 명강의를 들으며 결심을 했다. 그것은 무디의 설교를 한국에 알리는 것이었다. D.L.무디는 종말에 가까운 이 시대에 항상 성령의 인도하심을 받는 하나님의 종이요, 성령님의 인도하심으로 미국과 영국을 변화시키고 세계적으로 복음의 불길을 붙인 진정한 전도자였다.

그후, 1976년에 나는 주님의 인도하심으로 미국 산호세로 목회지를 옮기고 교회를 개척하여 37년간 한 교회에서 시무하고 있다. 나는 지금도 무디의 성령충만한 전도의 삶에 도전받으며 목회를 하고 있다. 내가 그 무렵에 받은 그 감동을 '무디 바이블 인스티튜터' 캠퍼스에서 이렇게 시로 표현했었다.

> "별과 별을 딛고서는 자고새 마냥
> 청교도의 신앙으로 미국을 구령한 D.L. 무디,
> 일렁이는 성령의 용광로 마냥,
> 복음의 능력으로 미국을 불태웠네.
> 세속으로 기울어져가는 미국을,

청교도의 나라로 다시 탄생시켰네.
성령으로 살고 성령으로 전도하고,
성령으로 목회한 D.L.무디의 청교도 신앙… (후략)"

나도 무디처럼 남은 여생을 더 열정적인 목회일념으로 살고 싶다.

이 설교집은 역자가 2년간 '무디 바이블 인스티튜터'에서 수학할 때 무디설교를 노트에 기록한 것과 무디도서관에서 수집한 설교집과 예전에 무디출판사에서 나온 여러 책중에서 몇 편을 뽑아 제1집으로 내보낸다. 이 일을 위해 수고한 김 유니스 전도사, 송민국 형제, 박경아 전도사, 김근호 목사에게 감사드린다. 그리고 책을 만드느라 수고한 민상기 사장에게 감사드린다.

2012년 봄을 바라보며 미국 산호세에서,
김충남 목사

| 차 례 |

1. 예수님은 누구인가? / 11
2. 믿음이란? / 28
3. 영적 무지 / 46
4. 상처입은 사람들에게 / 58
5. 내가 원하노라 / 69
6. 모세의 기도 / 86
7. 하나님이 네가지 질문 / 108
8. 두 계급 / 122
9. 마리아와 마르다 / 140
10. 이것이 중요한 문제다 / 169
11. 새 삶의 지혜 / 202

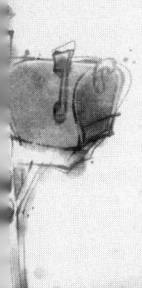

chapter 01
예수님은 누구인가

본장은 성경 본문을 정하지 않고 "예수님은 누구인가"를 주제로 이야기 해 보기로 하겠습니다. 예수님은 우리들이 짧은 시간 안에 간단하게 설명할 수 있는 그런 분이 아닙니다. 영국 북쪽지방 어딘가에서 예수님을 전하고 난 뒤의 일이었습니다. 집으로 돌아오는 길에 스코틀랜드인과 함께 이야기를 나누게 되었습니다. 내가 그에게 조금 전의 집회에서 예수님에 대한 이야기를 절반도 채 꺼내지 못했다며 투덜거리자 그 사람이 말했습니다. "1시간 안에 예수님에 대해 모두 전할 수 있다고 생각했단 말이요? 이보시오, 예수님에 대해 다 말하려면 영원의 시간을 투자해야 된단 말이요" 정말 나는 1시간으로 충분히 예수님을 전달할 수 있다고 생각했었지요. 그러나 그건 불가능한 일이었습니다.

이제 누가복음 2장 11절을 주목해 봅시다. "오늘 다윗의 동네에 너희를 위하여 구주가 나셨으니 곧 그리스도 주시니라" 이것이 예수님이 이 세상 사람들에게 알리려 하신 자신의 정체성입니다. 하나님이 "너희를 위하여 구주가 나셨으니"라 하시며 그를 세상에 주셨고 그를 통해 우리를 죄로부터 풀어 주려 하셨습니다. 예수님을 만나려면 먼저 갈보리의 예수를 만나야 합니다. 즉 그는 우리를 깨끗하게 하시며 성결하게 하시며 구속하시는 예수입니다. 예수님이 우리의 구세주가 되려면 우리도 먼저 갈보리를 통과해야 합니다. 예수님이 우리를 갈보리로 부르시며 세상의 모든 영혼들의 구세주가 되기를 원하십니다. 그는 우리를 지옥으로부터 건지시는 구세주일 뿐만 아니라 우리를 죄로부터 풀어 주십니다. 많은 사람들이 가지고 있는 예수님에 대한 오해는 그가 우리를 지옥에서 건져 주는 것 뿐이라고 생각하는 것입니다. 그러나 예수님은 우리를 죄로부터 매일 같이 지켜 주십니다. 하나님은 우리 자신보다 더 우리가 필요한 것이 무엇인지 잘 알고 있습니다. 그래서 죽음으로부터 뿐만 아니라 죄로부터 우리를 자유롭게 하시려고 예수님을 보내신 것입니다. 그는 구세주일 뿐만 아니라 구속자이기도 합니다. 구속은 구원보다 더 사실적인 개념입니다.

어떤 사람이 자신 만큼이나 소중히 여기는 사람이 있었는데 그 사람에 대한 말을 꺼낼 때면 항상 눈물을 글썽이기까지 하는 것이었습니다.

그 사연을 묻자 그는 "그 사람이 나를 건져 주었습니다."라고 대답했습니다. 그 사람의 이야기에 따르면 그는 쓰지 말아야 할 남의 돈을 몰래 썼다고 합니다. 하지만 채워 넣어야 할 시간이 되었어도 돈을 마련하지 못하고 결국에는 그 친구에게 찾아가 하소연을 했다고 합니다. 그러자 그 친구는 주저없이 그 돈을 그에게 빌려 주어 그 빚을 갚을 수 있게 해 주었던 것입니다. 그는 "그 친구를 위해서라면 내 목숨도 내 놓을 수 있습니다. 나를 구해 주었거든요"라고 말했습니다. 그에 대한 감사가 넘쳐났기에 그 친구를 위해 자기 목숨을 걸 수 있다고 생각했던 것입니다. 구속이 무엇이며 예수님이 우리를 위해 하신 일이 무엇인가를 알게 되면 우리는 기꺼이 우리 삶을 예수님을 위해 바치고 그를 위해 희생할 수 있게 되는 것입니다.

구속에는 더 깊은 의미가 있습니다. 갈라디아서 3:13에서는 "그리스도께서 우리를 위하여 저주를 받은 바 되사 율법의 저주에서 우리를 속량하셨으니"라고 했습니다. 율법의 저주는 아담의 후손 누구에게나 유효합니다.

"그리스도께서 우리를 위하여 율법의 저주에서 우리를 속량하셨으니" 구속은 되사는 것입니다. 예수가 우리를 법의 심판으로부터 되찾아 준 것입니다. 우리는 그의 것입니다.

"그리스도께서 보혈로 우리를 속량하셨다"

어느날 이웃 마을에 복음을 전하러 가다가 우리 차앞을 달리고 있던 낯선 청년을 보았습니다. 내 옆에 있던 형에게 그가 누구냐고 묻자 형은 그가 이 지역의 큰 농장주 아들인데 그의 아버지가 술 때문에 가산을 탕진하고, 그의 어머니가 초라한 집으로 들어가게 되자 돈을 벌기 위해 이 마을을 떠났다고 했습니다. 그는 마침내 큰 돈을 벌어 마을로 다시 돌아와 잃어버린 농장을 다시 사고 그의 어머니를 그 초라한 집에서 모셔 오게 되었습니다. 이제 그 청년은 그 고장에서 가장 존경받는 인물 중의 한 사람이 되었던 것입니다.

이것이 바로 예수님이 우리를 위해 하는 일입니다. 아담은 우리를 값싸게 팔아 넘겼지만 예수님이 오셔서 우리를 되사신 것입니다. 아무런 대가를 요구하지 않고 말입니다. 또한 예수님은 구세주요 구속자일 뿐만 아니라 우리를 풀어 주시는 분입니다. 사람들은 갈보리의 예수님이 구속자인 줄은 알지만 그가 유혹과 모든 욕구 그리고 정욕으로부터 우리를 해방시키는 분임은 알지 못합니다. 홍해에서 이집트 왕이 막강한 군대와 기병 병거를 동원해 이스라엘을 잡기 위해 뒤쫓을 때 하나님이 모세에게 명령하기를 "내 지팡이를 내 밀어라" 하자 홍해가 갈라지고 하나님의 택한 백성들은 안전하게 바다를 건너갈 수 있었습니다. 하나님이 그들을 건지신 것입니다. 하나님은 우리가 누구이든 상관없이 우리의 위대한 의사요 인생의 고통으로부터 우리를 건지시는 해방자입니다.

마가복음 5장에서 우리는 예수님이 해방자임을 봅니다. 여기서 묘사된 장면들보다 더 심각한 상황은 세상 어디에도 있을 것 같지 않습니다. 무덤에서 살던 남자의 이야기를 봅시다. 사람들은 그를 제어하기 위해 쇠사슬을 채웠지만 삼손이 그랬듯이 그는 그 쇠사슬을 끊어 버렸습니다. 그를 다시 묶고 옷을 입으려 했으나 그 옷마저 갈갈이 찢어 버렸습니다. 이 거친 남자는 온 마을의 공포의 대상이 되었습니다. 사람들은 한 밤에 들리는 그 사나이의 울음 소리에 잠을 설치며 감히 그 무덤 근처로는 가까이 갈 엄두도 내지 못했습니다. 그는 귀신의 노예가 되었던 것입니다. 마침내 예수님께서 그 마을에 오셔서 사람들이 그를 쇠사슬로 묶어 제어하려 했으나 실패하고 말았다는 이야기를 듣게 되었습니다. 그리고 예수님은 단 한 마디로 그 사나이를 귀신으로부터 해방시켰습니다. 그런데 그 사건을 들은 마을 사람들이 예수님을 찾아 왔습니다. 자초지종을 상세히 듣기 위해 모인 것이 아니라 자기들 돼지떼가 어찌 되었나 알아보기 위해 나온 것입니다.

세상에는 자신의 영혼 구원보다 돼지를 더 소중히 여기는 사람들이 많습니다. 돼지 값을 올리거나 내려 보십시오. 얼마나 사람들이 야단법석을 떠는지! 그러나 영혼을 구하는 일에 관한 한 아주 초연한 것을 봅니다. 마을 사람들은 그 무덤가의 사나이가 예수님 발 앞에 앉아 있는 것을 보았습니다. 단정히 옷을 입고 맑은 정신으로 말입니다. 자신이 예수님에 의해 귀신으로부터 풀려난 것을 알게 된 그 남자는 예수님에게 간청했습니다. "당신이 가는 곳이면 세상 어디든 따르겠습니다. 함께 가게 해 주십시오" 그는 예수님께 그렇게 감사를 표현하고 싶었던 것입니다. 예수님이 구원하시고 구속하시고 원수의 손아귀로부터 그를 해방시켰기 때문이지요. 그러나 주님은 "집으로 돌아가서 어떻게 하나님이 너를 위해 선한 일을 하셨는지 친구들에게 알리거라" 이에 그는 곧 집으로 향했습니다. 내가 그 남자의 집에 함께 있었다면 아마도 그의 아이들이 외치는 소리를 들었을 것입니다. "아빠가 오신다." "문을 걸어 잠그거라." 어머니가 다급하게 소리치며 "밖을 살펴보고 창문을 잠그거라. 문이란 문은 다 자물쇠로 걸어 잠거야 한다" 예전대로라면 아마 그 사나이는 그의 가족을 학대하고 책상이나 의자를 부수며 아내를 길밖으로 내쫓아 이웃 사람들을 경악하게 했을 것입니다. 이제 그가 길 저쪽에서 집으로 걸어오고 있는 것을 봅니다. 집 앞으로 천천히 걸어와 문을 가만히 두드립니다. 그러나 아무런 인기척도 들을 수 없습니다. 마침내 그의 아내의 얼굴이 창문에 보이자 그는 "메리!" 하고 부릅니다. "어떻게 너의 아빠가 마치 우리가 결혼했을 때처럼 말하고 있는 거지? 이제 아빠가 다 나았을까? 죤, 당신이에요?" "그래요, 여보 나에요. 이제 더 이상 무서워하지 말아요. 나 이제 다 나았어요." 그녀는 곧 문빗장을 풀고 문을 열어 그를 쳐다봅니다. 그의 얼굴만으로도 그가 이제 다 나았다는 것을 알기에 충분합니다.

그녀는 그의 품에 달려들어 그의 목을 끌어 안습니다. 그녀는 그를 집 안으로 이끌고 들어가 수백가지 질문을 해댑니다.

"자, 의자를 가지고 와서 앉아요. 내가 다 말 해 줄 테니"

아이들이 눈이 휘둥그래져서 그의 옆으로 다가 앉습니다.

"내가 무덤에서 돌로 내 몸을 상하게 하고 알몸으로 뛰쳐다닐때 나사렛 예수님이 왔던 것이요. 당신 그에 대해 들어본 적이 있소? 그는 정말로 놀라운 분이었고 그런 사람은 내 일찍이 본 적이 없소. 그가 그냥 내게 와서 귀신들에게 떠나라고 말하자 귀신들이 떠나가지 않겠소? 내가 다 낫고 난 다음 그에게 그를 따르고 싶다고 말하자 집으로 돌아가 일어난 일을 가족에게 다 전하라 했소."

아이들은 그의 무릎 앞으로 바짝 더 다가앉고 큰 아들은 친구들에게 예수님이 자기 아버지에게 어떤 일을 하셨는지 전하기 위해 밖으로 뛰어 나갔습니다.

여러분, 우리에게는 막강한 해방자가 계십니다. 당신에게 어떤 고통이 있든지 예수님은 그로부터 당신을 해방시켜 주실것 입니다. 귀신을 쫓아 낸 하나님의 아들은 여러분을 억누르고 있는 죄로부터 당신을 풀어주십니다. 어떤 사람은 술고래들에게 술을 마시고자 하는 욕망은 질병과 같아서 일단 그 병이 발병하기 시작하면 그들에게 희망은 없다고 말했습니다. 그러나 그는 복음을 알지 못하는 사람입니다. 예수님은 한번도 치료에 실패한 적이 없는 의사입니다. 우리는 유능한 많은 의사를 알고 있지만 그들 중 몇 사람이나 '나는 단 한 번도 실패한 적이 없는 의사요'라고 자신 있게 말할 수 있겠습니까? 예수님은 치료가 불가능한 어떤 질병도 고치지 못한 적이 없습니다.

여러 해 동안 혈루병을 앓던 여인을 봅시다. 그녀는 다메섹에서부터 이집트에 이르기까지 유명한 의사란 의사는 모조리 다 만나 보았을 것입니다. 가진 돈을 모두 탕진했지만 병이 낫기는커녕 더 악화되기만 하는 것이었습니다. 우리 크리스천의 행동과 거의 동일하지 않습니까? 예수님께 오지 않고 의사만 찾아다니는 것 말입니다. 그러던 어느 날 한 친구가 그녀에게 찾아와 물었습니다.

"나사렛의 예수님을 들어 보았나?"

"아니"

"글쎄, 그분이 예언자라는데 내가 직접 만나 본 적은 없지만 예루살렘에 계시면서 온갖 놀라운 일들을 하신다고 들었어. 문둥병으로 고통 받고 또한 간질로 고생하던 사람들이 예수님을 찾아가서 고침을 받았고 소경도 눈을 뜨게 하셨다고 했어."

그녀의 말을 들으면서 그녀의 지친 영혼에 한 줄기 희망의 빛이 스쳐 지나가는 것을 느꼈습니다. 그녀가 다급하게 다시 캐묻기 시작했습니다.

"응, 다리를 오랫동안 쓰지 못해 친구들이 들것에 실어 날랐던 사람도 고침을 받았다고 들었어. 예수님께로 오기는 왔는데 사람들이 너무 많아 집 안으로 들어갈 수가 없었는데 지붕에다 구멍을 뚫고는 그 사람을 매달아 내렸다지 뭐니."

이것이 바로 오늘날 우리들의 문제입니다. 우리에게 주님이 주신 구원에 대한 보답을 할 것이 있다고 믿는 것 말입니다.

"예수님이 아무것도 요구하지 않는다고?"

"맞아, 그렇대. 다시 말하지만 찾아오는 모든 사람을 아무것도 받지 않고 치료하신대"

"그런 일을 난 한 번도 들어 본적이 없어. 예수님이 이곳으로 오시면 꼭 만나봐야겠어."

머지않아 그녀는 예수님이 그녀의 마을을 지나신다는 소식을 듣고 그를 만나러 나갈 준비를 합니다. 그녀의 아이들이 "이제 더 이상 의사에게 가지 말아요. 백방으로 의사들을 만나봤지만 병은 더 악화되기만 했잖아요."하며 말렸지만 그녀는 듣지 않았습니다. 그녀는 축복을 원했습니다. 그녀가 그 당시 입었던 옷을 무엇이라 불렀는지 모르지만 아무튼 오늘날의 쇼올이라 해둡시다. 그녀는 의사들에게 돈을 다 탕진하고 새 쇼올을 살 돈이 없어 그녀의 낡은 쇼올을 걸쳐 입었습니다. 예수님이 계신 곳에 도착했을 때는 이미 사람들이 인산인해를 이루고 있었습니다. 그녀는 팔꿈치로 사람들을 밀치며 생각하기를 '그 분께로 가까이 가서 그 얼굴을 보기만 하면 그분이 나를 축복하실 거야' 하면서 예수께로 다가 갔습니다. 예수님 주변을 둘러싸고 있던 건강한 남자들이 그녀에게 "꺼져 주든 지 아님 좀 가만히 있을 수 없겠소? 여긴 당신 아니어도 헤아릴 수 없이 많은 사람들이 예수님 가까이 가려고 안간힘을 쓰고 있단 말이요" 하고 책망했습니다. 그러나 그녀는 포기하지 않고 그녀의 팔꿈치를 휘둘러 댔습니다. 그녀가 거의 예수님 근처까지 와서 그분을 만지려고 하는 찰라 누군가 그녀와 구세주 사이를 가로 막으며 그녀를 밀쳐 냈습니다. 그러나 그녀는 이번에도 포기하지 않고 재빨리 몸을 움직여 다시 예수님 가까이 다가섰습니다. 그 순간 그녀의 가늘고 창백한 손이 쇼올 밑으로 빠져 나와 예수님의 겉옷을 만지지 않았겠습니까? 그 즉시 그녀는 병이 나아버렸습니다. 누군가 예수님은 그의 겉옷에 이 세상 모든 약제사들이 가진 것보다 더 많은 약을 숨기고 있다고 말하기도 했습니다. 얼마나 강력한 의사인지요!

상한 심령을 가진 분은 지금 예수님에게로 나오십시오. 예수님이 감당 못할 어려운 사례는 없습니다. 여러분이 죄에 얽매어 종이 되어 있어도 상관 없습니다. 예수님이 고치십니다.

여러분 중 누군가는 '나는 이 세상 누구보다 더 악해서 순전하며 성스러운 것과는 아예 상관이 없는 죽은 사람이요' 하고 말할 지도 모릅니다. 그러나 나는 그런 말에 결코 실망한 적이 없습니다. 죽었다고요? 그럼 죽었다 살아난 야이로의 딸 이야기를 해 볼까요?

예수님이 베드로와 요한을 데리고 그 방에 들어가서 죽은 소녀를 향해 "소녀야, 내가 네게 말하노니 일어나라" 하자 그 소녀는 죽음의 깊은 잠에서 깨어 났습니다. 여기 그 영혼이 죽어 있는 자가 있습니까? 예수님이 그 죽음에서 깨어나게 하십니다. 하나님은 "빛이 있으라" 하시면 빛이 생겼습니다. 그러니 당신의 죽은 영혼을 향해 생명이 있으라 하면 살게 되는 것입니다.

예수님은 또 한 여인의 죽은 아들에게 "아이야 일어나라" 하시고 그를 살리셨습니다.

여기 그 영혼이 죽어 있는 사람이 있다면 예수께서 그의 순결함으로 그 사람의 죽은 영혼을 채워 줄 것입니다. 우리의 구세주 구속자 그리고 해방자요 의사이신 예수님은 그렇게 할 수 있습니다. 그는 죽은 영혼을 영원히 죽이기도 하고 살리기도 하는 분입니다.

하나님이 이스라엘로 하여금 홍해를 건너게 하고 또 사막을 통과하게 하셨을 때 그분은 그들의 '길'이 되었습니다. "내가 크리스천이 되면 대체 어떤 교회를 나가야 하나요? 가톨릭 교회는 그들만이 유일한 참된 교회 즉 사도 교회라 주장하며 그들 교회가 아니면 천국에 갈 수 없다고 말합니다. 침례교에서는 침례를 받지 않으면 천국은 물 건너간 것이라 하고 성공회는 또한 자기 교회만 진정한 교회라고 주장합니다. 장로교인도 감리교도도 같은 주장을 합니다. 난 정말 어디로 가야 할지 도무지 모르겠습니다"라고 합니다.

그러나 감사하게도 주님은 말씀하시기를 "내가 곧 길이다"라고 하십니다. 요즈음의 문제는 어떤 교리나 특정한 교회를 따라야만 구원이 있는 것처럼 가르치고, 또한 많은 사람들이 하나님의 음성을 듣기 보다 교회의 목소리를 청종한다는 것입니다. 가톨릭이나 다른 어떤 교회도 영혼을 구할 수 없습니다. 오로지 하나님의 아들만이 세상의 구세주인 것입니다.

예수님 이름 바로 그것이 사람들을 죄로부터 건질 수 있습니다. 예수님은 우리를 한 사람 한 사람 구원하기를 원하는 구세주입니다. 크리스천이 되기를 원하는 어떤 사람이든 예수님께 눈을 돌리기만 하면 구원이 임하는 것입니다. 이스라엘의 광야에서 하나님의 구름이 그들을 앞서 행하던 것을 우리는 알고 있습니다. 구름이 움직이면 그들도 움직이고 멈추면 그들도 멈추었습니다. 다시 구름이 움직이기 시작하면 그들도 구름을 따라 움직였던 것입니다. 이처럼 여러분들의 예수님도 우리의 길이 되십니다. 우리가 그의 발자국을 따르면 그가 우리를 우리에게 맞는 교회로 인도하십니다. 하나님 이외에 택한 백성을 광야로부터 인도할 분이 누구겠습니까? 그들이 빵을 원하면 하나님은 손을 펴 빵을 주었고, 목마르다 하면 모세에게 바위를 치라 명해 물이 솟구쳐 오르게 하셨습니다. 예수님 이외에 누가 그들을 광야로부터 인도하고 누가 우리를 천국으로 인도하겠습니까? 사람들은 우리의 선조들의 가르침, 그 가르침을 미워했지요. 따라서 그들은 70년간 노예 생활을 감당해야 했습니다. 그러나 우리 선조들의 가르침이 오늘날 우리들 것보다 훨씬 나은 가르침입니다.

사람들은 성경이 옛날 사람들에게는 적합한 책이였지만 오늘날 우리에게는 위대한 문호가 있고 과학과 문학이 있으므로 이제는 그 소용 가치가 더 이상 없다고 말합니다. 세상이 언제 성경보다 나은 책을 준 적이 있었나요? 세상 사람들은 성경을 버리라 합니다. 그러나 우리에게 부활의 소망을 주는 유일한 책인 성경을 버리라 하는 것은 얼마나 잔인한 불신앙인지요? 그들은 성경은 허구라 말함으로써 사랑하는 사람을 묻을 때도 다시 만남은 없으므로 그들과 영원한 이별을 해야 한다고 주장합니다. 이런 허망한 교리는 멀리 하십시오. 우리 선조들이 물려 준 성경은 진리입니다. 사람들이 우리가 전해 받은 진리를 구식이라 하며 새로운 진리를 가르치려 하는 것은 마귀로부터 오는 것입니다. 그들은 우리가 이제 더 성장했으므로 옛 진리가 필요 없다고 말합니다. 그러면 과학의 발전으로 태양이 필요없어 졌나요? 이제 가스가 있기 때문에 구식 태양은 필요없어 졌으므로 자기 건물 안으로 태양 빛을 못들어 오게 해야지요.

바로 성경이 필요없다고 하는 것은 가스가 새로운 연료이니 태양이 필요없다고 하는 것과 같은 논리입니다. 우리는 성경으로부터 얼마나 많은 혜택을 입어 왔습니까? 성경이 없었다면 인간 삶은 결코 안전할 수 없었을 것입니다.

역사적으로 성경이 짓밟혔던 나라를 보십시오. 불과 몇년 전 프랑스와 영국은 거의 비슷한 국력을 유지하고 있었습니다. 그때 영국은 세상에 성경을 전파했고 프랑스는 성경을 짓밟아 버렸습니다. 이제는 영어가 세계 공용 언어가 되었으며 영국의 국가 재정은 증가했고 세계에서 가장 강력한 나라가 되었습니다. 그러나 프랑스는 무정부 사태와 혁명 등으로 점점 쇠퇴해지고 있는 실정입니다. 우리가 옛날부터 진리로 전해 받은 성경을 버리지 맙시다. 목자가 이미 문 안으로 들어서서 우리에게 함께 들어오기를 권유하고 있습니다.

내가 더블린에 있을 때 한 소년이 미션 스쿨에서 예수님을 알게 되었습니다. 그 아이는 집으로 돌아와 그의 구속자에 대해 부모님에게 설명했습니다. 그리고 난 후 그 아이는 병이 들어 죽어 버렸고 4년 후 나는 그의 아버지를 만나게 되었습니다. 그는 줄곧 밤마다 성경을 읽어 왔었다는 것입니다. 그는 아마도 성경에서 그의 어린 아들이 천국으로 가는 길을 찾고 있었던 것처럼 보입니다. 여러분, 우리의 그분은 우리 앞서 가셔서 하나님 우편에 앉아 계시며 우리를 어둠 속에 홀로 내버려 두지 않는 분입니다.

몇년 전 시카고 교외의 한 작은 마을에 설교를 나간 적이 있습니다. 내가 그 마을에 도착하자 한 낯선 남자가 내게 다가와서는 무디 목사라는 것을 확인한 후 나를 자기 집으로 데려갔습니다. 집에 도착하자 그는 곧 주일학교 집회를 가야 한다며 나를 객실에 데려다 놓고 떠나 버렸습니다. 그 객실은 책을 읽기에는 너무 어두웠고 나는 곧 심심해져 아이들과 함께 놀기로 했습니다. 그러나 아무리 귀를 곤두 세워도 아이들의 소리는 들리지 않았습니다. 그 남자가 돌아 왔을 때 아이가 없냐고 물었더니 그는

"예, 아이가 있었지요. 그 아이는 지금 천국에 있습니다. 딸아이가 천국에 있는 것이 저는 무척 기쁘답니다. 무디 목사님"

"아이가 죽은 것이 기쁘다구요?"

내가 되묻자 그는 그가 얼마나 자기 딸을 숭배했었는지 그리고 예수님의 존재를 망각할 정도로 그의 삶이 얼마나 그녀에게 집중되어 있었는지를 설명해 주었습니다. 그의 이야기는 계속됩니다. 그러던 어느날 집에 돌아와 보니 그 어린 딸은 죽어 있었습니다. 그는 그 딸의 죽음으로 하나님을 원망하기 시작했습니다. 이웃 사람들은 아직 자기들의 자식과 함께 있는 것이 아닙니까? 왜 하나님은 내 딸 대신 저 아이들을 데려가지 않는거지? 그는 더욱 더 하나님에게 반항하기 시작했습니다. 장례를 치룬 후 집으로 돌아오자

"갑자기 아이가 나를 부르는 소리를 들었지만 아이는 이미 내 곁에 없다는 걸 깨달았지요. 그러다가 또 아이가 계단을 올라가는 소리를 들은 듯 했는데 또 한번 그 아이는 무덤에 누워 있다는 현실을 받아들여야 했어요. 그 생각은 나를 미치게 했고 나는 침대에 몸을

던지고 비통하게 울었습니다. 그러다가 잠이 들었지요. 나는 꿈속에 있었습니다. 그러나 내게는 마치 현실처럼 느껴지는 꿈이었습니다. 나는 황무지를 건너서 어둡고 으스스한 강에 도착했습니다. 돌아서려는 순간 건너편 강둑을 보자 이 세상에서는 볼 수 없는 너무나 아름다운 광경을 보게 되었습니다. 그 아름다운 곳에는 죽음과 슬픔은 도저히 존재할 수 없을 것 같은 그런 풍경이었습니다. 그리고 살아있는 생물체들의 행복한 모습 가운데 내 딸 아이의 모습도 보이는 것이 아닙니까? 그 아이는 그 작은 천사 같은 손을 흔들며 소리쳤습니다. '아빠, 아빠 이쪽으로 와요' 그 아이의 음성은 살아 있을 때보다 더 부드러웠습니다. 꿈속에서 나는 아마도 강을 건너가려 했던 것 같습니다. 그러나 그 강은 너무 깊고 물살은 거세어 그 물에 들어섰다가는 다시는 아이를 볼 수 없는 곳으로 떠밀려 갈 것만 같았습니다. 나를 건너게 해 줄 사공을 찾으려 했으나 아무도 찾을 수 없었습니다. 내가 강을 건널 방법을 찾느라 강을 오르락 내리락 하는 동안 아이는 계속 '이쪽으로 오세요' 하며 소리쳤습니다. 그러다 갑자기 어디서 음성이 내게 들려왔습니다. '나는 길이요 진리요 생명이니 나를 통하지 않고는 누구도 아버지께 올 자가 없느니라' 그 음성을 듣고 나는 깨어났습니다. 나는 그 음성이 나의 구세주로부터 왔으며 나의 사랑하는 딸아이에게 갈 수 있는 길을 알려주는 것임을 깨달았습니다. 저는 사밧트 스쿨의 교장이 되었습니다. 나는 지금까지 많은 사람들을 하나님께로 인도했으며 내 아내도 하나님을 믿게 되었습니다. 그리고 나와 내 아내는 예수님을 길잡이로 삼아 언젠가는 딸아이를 보게 될 것입니다."

지금 혹시 자기의 사랑하는 아이를 저 세상에 보낸 부모님이나 혹은 아이를 그 행복의 나라로 보낸 부모님이 계십니까? 만약 여러분이 그 아이들의 음성을 듣는다면 "어서 이쪽으로 오세요"하고 여러분을 부르지 않겠습니까? 이제 우리가 하나님께 감사할 수 있는 것은 우리의 맏형이 이미 그 곳에 가 계신다는 것입니다. 예수님이 그곳에 가신 지 거의 2,000년이 흘렀습니다. 그럼에도 예수님은 처음 그 곳에 가셨을 때와 다름없이 동일하십니다.

친애하는 여러분! 예수님이 우리를 부를 때면 세상을 뒤로 합시다. 예수님을 우리의 구속자로 해방자로 의사로 길로 진리로 빛으로 삼읍시다. 지금 이 시간 하늘의 축복이 우리 모두에게 임하기를 축원합니다. 또한 하나님의 나라에 속해 있지 않았던 모든 사람들이 예수님을 영접하고 그의 나라로 들어가기를 축원합니다.

chapter 02
믿음이란?

저희를 데리고 나가 가로되
선생들아 내가 어떻게 하여야 구원을 얻으리이까 하거늘 - 행 16:30

이 질문에 대한 답보다 더 중요한 진리는 없다고 생각합니다. '믿음이란 무엇인가' 그 답이 바로 신령한 삶-평안, 기쁨, 그리고 위로 받는 삶-을 살아가는데 있어서 기본이 되기 때문입니다.

그 정답은 "우리 주 예수 그리스도를 믿으라 그리하면 구원을 얻을 것이다"입니다. 그렇다면 또 다른 질문이 생길 수 있습니다. 즉 "무엇을 믿는가" 하는 것입니다. 이는 예수 그리스도가 하나님의 아들이며 죄인을 구원하기 위해 이 땅에 오셨다는 것을 믿는 믿음을 말합니다. 그러나 마귀도 그 사실을 믿으며 심지어 떨기까지 한다고 합니다. 우리는 지식으로만 예수님이 우리를 구원할 수 있으며 또한 기꺼이 구원하기를 원하신다고 믿지만 예수님을 알지 못하는 사람들보다 더 천국과 동떨어진 삶을 살 수도 있습니다. 우리를 구원하는 것은 예수님이 우리를 구원할 수 있고 구원하기를 원하신다는 것을 믿는 믿음이 아닙니다. 이제 "믿음"이란 단어에 대해 설명해 보기로 하지요.

믿음의 성경적 정의

사람들은 "믿음이 무엇인가"라고 묻습니다. 성경적 정의는 우리 모두가 알고 있는 바와 같습니다. 히브리서 11:1은 "믿음은 바라는 것들의 실상이요 보이지 않는 것들의 증거니"라고 했습니다. 자, 그렇다면 믿음이란 본질은 "근거" 혹은 "확신"입니다. 다시 말하면 믿음은 다른 사람의 진실성에 의지하는 것입니다. 모든 사업 관계는 믿음을 기초로 발생하지요. 모두가 서로에 대한 믿음을 잃을 때 사업관계가 얼마나 신속히 끝나 버리는지 보세요. 여러분을 이곳으로 이끈 힘은 믿음입니다. 오늘 이 장소에 무디가 설교할 것이라는 믿음이 없었다면 이곳에 나타날 사람이 있겠습니까?

믿음에는 세 가지 요소 즉 지식, 동의, 의지함이 있다고 합니다. 이 세 가지 요소 중 우리에게 안전감을 주는 것은 지식이 아니라 "의지함"이라 합니다. 사람들은 "예수님이 구원하심을 믿습니다"

라고 동의하기도 하고 고백하기도 합니다. 하지만 단순한 고백에는 구원이 없습니다. 세 번째 요소, 즉 "의지함"에 구원이 존재합니다. 이것이 내가 오늘 강조하고 싶은 핵심입니다. 자신의 마음을 들여다 보기에 바쁘지만 믿음은 대상을 바라보는 것입니다.

믿음은 바라보는 것입니다.

인간은 사람이 아니라 하나님에 믿음을 두어야 합니다. 많은 사람들이 사람을 믿으려 합니다. 그래서 다른 사람들이 만들어 놓은 교리나 신조가 자기 믿음이라고 믿어 버립니다. 얼마 전 어떤 사람에게 '자신의 믿음이 무엇이냐' 라는 질문에 '자기 교회가 믿는 바를 믿는다' 라고 대답하는 것을 들었습니다. "그럼 당신의 교회는 무엇을 믿지요?" "우리 교회는 내가 믿는 걸 믿는답니다." 이것이 그 사람이 알고 있는 믿음이었습니다. 많은 사람들은 교회가 믿는 것을 믿는다고 하지만 정작 교회가 무엇을 믿는지는 알지 못합니다. 교회가 가르치는 것이 무엇이든 그냥 믿어 버리는 거지요.

여러분! 이 지구상의 어떤 교회도 한 영혼을 구할 수 없습니다. 이 교회 혹은 저 교회를 믿거나 이 교리 혹은 저 교리, 이 사람 혹은 저 사람을 믿는 것이 믿음이 아니라 하나님 우편에 계시는 예수 그리스도를 믿는 것이 믿음입니다. 그 믿음이어야만 영혼을 구원할 수 있는 것입니다.

사람에 믿음을 두지 마십시오

사람에 믿음을 두는 것에 대해 하나님은 이렇게 말씀하십니다. "여호와께서 이와 같이 말씀하시니라 무릇 사람을 믿으며 육신으로 그의 힘을 삼고 마음이 여호와에게서 떠난 그 사람은 저주를 받을 것이라"(예레미야 17:5)

사람을 믿고자 하는 사람은 "시든 나무요 마른 나뭇가지니라"라고 했으며, 하나님에 대한 굳센 믿음을 가진 사람은 "물가에 심은 나무요 그 잎사귀가 마르지 아니함 같으니라"라고 하셨습니다. 그는 살아 계신 하나님을 믿기 때문입니다. "야곱의 하나님을 자신의 도움으로 삼는 자에게는 복이 있나니"라고도 하십니다. 반면 육신에 기대고 사람을 알고자 하는 자에게 저주를 선고하십니다. 혹은 "재앙"이나 "저주가 임하리라"고 이사야 30:1-2에서는 이렇게 표현하고 있습니다. "여호와께서 이르시되 패역한 자식들은 화 있을진저 그들이 계교를 베푸나 나로 말미암지 아니하며 맹약을 맺으나 나의 영으로 말미암지 아니하고 죄에 죄를 더하도다 그들이 바로의 세력 안에서 스스로 강하려 하며 애굽의 그늘에 피하려 하여 애굽으로 내려갔으되 나의 입에 묻지 아니하였도다 " 또한 시편 146:3-5에서 말씀하시길 "귀인들을 의지하지 말며 도울 힘이 없는 인생도 의지하지 말지니 그의 호흡이 끊어지면 흙으로 돌아가서 그 날에 그의 생각이 소멸하리로다 야곱의 하나님을 자기의 도움으로 삼으며 여호와 자기 하나님에게 자기의 소망을 두는 자는 복이 있도다" 하나님은 거듭 사람에게 살과 피를 가진 인간에게 기대지 말 것을 강조하십니다. 세상의 장관들도 교회의 지도자들도 사람은 그 누구도 영혼을 구할 수 없습니다. 사람의 힘으로 구원이란 불가능한 일이란 말입니다. 하나님 오직 우리 주 예수 그리스도 만이 구원하실 수 있습니다. 따라서 사람에게로, 교회로 향하던 우리의 소망의 눈을 거두어 들이고 예수 그리스도에게 우리의 시선을 고정시켜야 합니다. 누구를 믿어야 할지에 대해 마가복음 11:22은 이렇게 표현하고 있습니다. "하나님을 믿어라" 얼마나 아름다운 음성인지요. 하나님을 믿어서 망한 사람을 나는 한 사람도 본 적이 없습니다. 그들의 문제가 혹은 고난이 무엇이었던 간에 말입니다. 사람을 믿지 말고 하나님을 믿으십시오.

오늘날의 위대한 착각

우리는 지금 참으로 이상한 시대에 살고 있습니다. 혹자는 '사람이 무엇을 믿든지 간에 진실되게만 믿으면 되지' 라고 생각합니다. 이런 생각보다 더 위험한 발상은 없습니다. 하지만 이런 착각이 오늘날 대중을 지배하고 있습니다. 나는 카멜산의 거짓 예언자들 보다 더 진지하고 열정적인 종교지도자들을 들어 보지 못했습니다. "그들이 잘못 믿고 있는 거라면 어떻게 그토록 열정적일 수 있었을까?"라는 질문이 나올 수도 있습니다. 그렇습니다. 그들은 참으로 무섭도록 열정적이었지요. 열정이 도가 넘어 칼로 자신의 몸을 찌르고 굿기도 했으니까요. 그리고 제단을 밟고 서서는 "오 바알 신이시여, 오 바알신이시여" 하고 미친 듯이 외쳐대는 모습을 상상해 보세요. 거의 미친 사람 같았겠지요. 오늘날 교회 강대상에서 그런 기도를 일찍이 들어 본 적이 없습니다. 그토록 열정적인 기도가 끝났지만 그들의 신이 기도를 들었을까요? 아닙니다. 그들 모두 죽음으로 끝을 맺고 말았습니다. "진실되게만 믿으면 종교란 모두 똑같아"라는 착각은 마귀의 속임수인 것입니다.

하나님을 믿으십시오

사람을 믿지 말고 하나님을 믿으십시오. 그 사람이 얼마나 위대한 인물인지에 상관없이 사람은 믿음을 두는 대상이 아닙니다. 당신이 의지해 왔던 그 사람의 호흡이 떠나는 날 이제 다시 누구를 의지하겠습니까? 하나님은 호흡이 끊어지지도 우리의 믿음을 실망시키시지도 않습니다. "하나님을 믿으라" 예수님이 말씀하십니다.

어떤 사람이 기구에 풍선을 매달아 하늘로 올라 가려는 시도를 했습니다. 그런데 불행하게도 풍선에 묶은 밧줄이 어쩌다 풀어져 버렸습니다. 그들은 기구를 붙잡는 대신 밧줄을 붙들고 매달리려 했습니다. 한 사람은 줄을 놓아 버렸고 다른 한 사람은 휩쓸려 창공 어딘가로 사라져 버렸습니다. 그는 무척이나 절실하게 밧줄을 붙들었지만 창공 어딘가로 사라지고 만 것입니다. 그의 열성과 함께 말입니다. 이처럼 우리 주 예수 그리스도를 믿는 믿음 이외에 어떤 믿음도 우리를 멸망으로 이끌 뿐입니다. 이는 사람의 말이 아닌 하나님의 말씀입니다. "그 사람은 너무 훌륭한 사람이어서 믿지 않고는 못버티겠는 걸"이라든가 "그를 믿어도 괜찮아. 좋은 사람인데다 이런저런 교리를 갖고 있잖아"라고들 합니다. 사도 바울은 말하기를 "너희가 받은 복음 이외에 다른 복음을 전하는 자에게는 저주가 임하리라" 했습니다. 가브리엘 천사가 오늘밤 내려와 이 연단에서 우리가 받은 복음 이외의 다른 복음을 선포한다면 저는 제 귀를 닫고 바로 이 강당을 떠날 것입니다.

속이는 자들과 어둠의 때

속이는 자들은 할 수만 있다면 택한 자들도 속이려 합니다. 지금은 어둠의 세대입니다. 잘못된 믿음이 만연하므로 우리는 믿음을 지켜야 합니다. 사도 바울은 "나는 나의 믿음을 지켰다"라고 했습니다. 우리 선조들의 오랜 교리 청교도 신앙이 지금 여러분들이 가지고 있는 교리 즉 예수 지옥 그리고 천국을 빼버린 새로운 교리보다 훨씬 더 가치가 있습니다. 하나님의 말씀에 근거해서 하나님에 대한 믿음을 세워야 하는 것입니다.

하나님이 어떤 사람에게 베델로 내려가 예언을 하라고 말씀하셨습니다. 먹지도 마시지도 말고 그가 내려 갔던 길로 다시 돌아 나오지도 말라는 명령을 받고 베델로 내려 갔습니다. 그래서 그는 왕의 초청도 거절한 채 하나님의 예언을 전하려 했습니다. 그러나 나이 많은 한 예언자가 사람을 보내 천사가 그를 부른다고 하는 거짓 예언에 응하고 맙니다. 하나님의 말씀이 아닌 천사의 말을 들은 겁니다. 그는 그 예언자의 집을 나서서 집으로-물론 다른 길을 택해서-향하던 길에 사자가 나타나 그만 물려 죽고 맙니다. 이 사람 저 사람의 말과 심지어 예언자의 말이나 지구상 현존하는 가장 위대한 사람의 말이라 할지라도, 하나님 말씀과 대치될 때는 우리의 귀를 가만히 닫아야 합니다. 그러므로 하나님의 말씀에 굳건히 서야 합니다. 세상의 모든 것이 사라지고 무너진다 해도 진실되게만 믿는다면 무엇을 믿든지 상관이 없다는 거짓된 가르침이 횡행하고 있습니다. 여러분, 살아 계신 하나님께 우리의 믿음을 고정시킵시다. 그럴 때 우리 안의 어둠은 곧 빛으로 환하게 빛나게 될 것입니다.

믿음을 어떻게 얻을 것인가

이제 요한복음 20장으로 함께 가 볼까요. 많은 사람들이 질문하기를 "믿음을 갖고 싶은데 어떻게 해야 할지 모르겠어요. 기도는 오래 해 왔었는데 말입니다." "하나님 믿음을 주세요라고 기도해 왔지만 성경은 줄곧 외면해 왔어요." 요한복음 20:31에서 이렇게 말하고 있습니다. "오직 이것을 기록함은 너희로 예수께서 하나님의 아들 그리스도이심을 믿게 하려 함이요 또 너희로 믿고 그 이름을 힘입어 생명을 얻게 하려 함이니라" 요한이 요한복음을 쓰기 시작한 한 가지 목적은 예수 그리스도가 하나님의 아들임을 믿게 하는 것입니다.

    요한복음은 두 장을 제외한 모든 장이 "믿음"을 언급하고 있고 그 믿음이란 말을 하나하나 짚어 가다 보면 그가 무엇을 말하고자 하는지 알 수 있습니다. 즉 "믿어라, 믿어라, 믿어라, 그리고 또 믿어라" 이 한 가지로 모든 것이 집약됩니다. 예수가 그리스도임을 믿어서 그로 인해 우리가 생명을 얻는 것이 요한의 의도였던 것입니다. 로마서 10:15-17은 "보내심을 받지 아니하였으면 어찌 전파하리요 기록된 바 아름답도다 좋은 소식을 전하는 자들의 발이여 함과 같으니라 그러나 그들이 다 복음을 순종하지 아니하였도다 이사야가 이르되 주여 우리가 전한 것을 누가 믿었나이까 하였으니 그러므로 믿음은 들음에서 나며 들음은 그리스도의 말씀으로 말미암았느니라" 믿음이 어떻게 오는지 알고 싶습니까? 하나님과 친분을 쌓으면 됩니다. 야훼께서 말씀하십니다. "나를 알고 그리고 화평하라" 마음의 평안을 누리는 사람들을 관찰하면 그들은 모두 하나님과 가까이 지내는 사람임을 알게 됩니다. 반면 하나님을 신뢰하지 못하는 사람들에게는 하나님을 알지 못하는 공통점이 있습니다. 하나님을 잘 알고 있으면서도 하나님을 신뢰하지 않는 사람을 저는 본 적이 없습니다. 한 사람을 진실로 알면 알수록 그를 더욱 더 신뢰하게 되지 않습니까.

    예전에 한 사람을 알게 되었습니다. 그를 그다지 신뢰하지 않았던 것은 그를 잘 알지 못했기 때문이었지요. 세월이 흐를수록 그 사람을 더 많이 알게 되고 진실함을 알게 되자 그를 더 많이 신뢰하게 되었습니다. 그 다음 해는 조금 더 그를 신뢰하게 되고 올해는 그 어느 때보다 더 그를 신뢰하게 되었습니다. 이제 그를 정말 잘 알게 되었기 때문이지요. 이와 같이 하나님을 더 잘 알게 되면 하나님을 신뢰하지 않고는 견딜 수 없게 될 것입니다.

내 아들 윌리

얼마 전 두 살짜리 아들에게 믿음이 무엇인가를 가르치고 싶어 그 아이를 탁자 위에 앉혔습니다. 그리고 아이로부터 3~4피트 정도 떨어져서는 뛰어내리라고 말했습니다. 아이가

"아빠 무서워요"라고 하자 나는

"윌리, 내가 잡아 줄께. 나만 쳐다 보고 뛰어내리는 거야"

했습니다. 그 아이는 금방 뛰어 내릴 듯하다가 다시 고개를 떨어뜨린 채 "무서워"하는 것입니다.

"윌리, 내가 잡아 주겠다고 했잖니? 아빠가 너를 속일 것 같아? 자 윌리, 내 눈을 똑바로 쳐다 봐. 그리고 뛰어 내리는 거야. 내가 너를 꼭 잡아 줄테니"

세 번째로 뛰어 내릴 준비가 된듯 하더니 아이는 다시 마루를 쳐다 보면서,

"무서워요…" 합니다.

"내가 잡아 주겠다고 하지 않았니?"

"응"

마지막으로

"윌리, 내게서 눈을 떼지마"

아이의 눈을 나로부터 떼지 못하게 한 다음

"자 지금이야, 뛰어 내려. 마루를 보지 말고"

그러자 아이는 훌쩍 뛰어 내려 내 품에 안겨 버렸습니다. 그러더니 이내

"한 번 더 뛰어 내릴래요"

하는 것이 아닙니까. 다시 탁자 위에 앉혀 주자 아이는 망설임 없이 뛰어 내리는 것입니다. 그 다음 내가 아이로부터 5~6피트 정도 떨어져 서자 윌리는 "아빠, 뛰어 내려요"하고는 겁도 없이 뛰어 내려 버렸습니다. 급히 달려가 가까스로 아이를 안았지요. 나를 너무 신뢰해 버린 것입니다. 그러나 명심하십시오. 하나님을 신뢰하는 데는 한계가 없습니다.

믿음은 내 아래를 보는 것이 아닙니다. 믿음은 위를 쳐다보는 것입니다. 하나님은 "나를 믿으라" 말씀하시며, 그 말씀을 믿을 때 온갖 삶의 고통과 어려움 속에서도 우리를 인도하십시다. 예수님의 어머니는 가나의 결혼식장에서 "무엇이든지 그가 (예수가) 시키는 대로하라"고 했습니다. 그렇다면 여러분도 하나님이 말씀하시는 일은 무엇이든 그대로 하면 되는 것입니다. 하나님이 "달리라" 하면 달리고 하나님이 "믿으라" 하면 믿는 겁니다. 하나님이 말씀하시는

것을 믿고 그 말씀대로 행할 때 그에 따른 위험부담은 하나님이 지는 것입니다.

우리의 최대의 적은 불신앙입니다.

하나님과 사람들의 최대의 적은 사람들의 불신앙입니다. 예수님이 십자가의 좌측과 우측에서 바로 이 불신앙을 보았습니다. 사람들의 불신앙이 예수님을 죽음에 이르게 한 원인입니다. 유대인들은 예수님을 믿지 않았습니다. 하나님이 예수님을 우리에게 보내신 것을 믿지 않은 것입니다. 그들이 예수님을 갈보리로 끌고 가 처형했습니다. 예수님이 무덤에서 나오신 직후에도 여전히 불신앙과 마주 해야 했습니다. 예수님의 제자 도마는 예수님의 부활을 믿지 않았습니다. 예수님은 도마에게 그 옆구리 상처를 만져 보라 하셨고 도마는 직접 그 상처를 만져 보고난 후에야 "나의 주 나의 하나님"이라 고백했습니다. 과거에 이미 하나님을 믿기로 하신 분들도 조금만 더 참아 주시기 바랍니다. 왜냐하면 하나님을 더 많이 알게 될수록 더 많이 하나님을 신뢰하게 되기 때문입니다. 사람은 실패할 지라도 하나님은 결코 실패하지 않습니다. 모든 사람들이 나를 실망시켜도 하나님은 항상 진실하십니다. 하나님을 한 번도 신뢰하지 않았던 분들이 있습니까? 이제 하나님의 품으로 뛰어 내려 보지 않으시겠습니까? 하나님의 말씀을 그냥 받아 들이고 그분만을 믿어 보지 않으시겠습니까?

하나님을 향한 최대의 모욕

거짓말쟁이라는 오명 만큼 한 사람을 효과적으로 모욕하는 방법도 없습니다. 하나님을 믿지 않는 것은 하나님을 거짓말쟁이로 만드는 일입니다. 어떤 사람이 내게 "무디 선생님, 저는 당신을 도무지 신뢰할 수 없군요"라고 말했다면 제가 슬프지 않겠습니까? 누군가로부터 나를 신뢰할 수 없다는 말을 듣는 것 만큼 상처가 되는 일은 없습니다. 많은 사람들은 "나는 하나님을 존경하고 공경합니다"라고 합니다. 물론 존경은 하지만 믿음은 없다는 말입니다. 이 말이 얼마나 하나님을 모욕하는 말인지 아십니까? 한 사람이 내게 와서 "무디 선생님, 저는 당신을 무척이나 존경한답니다. 그런데 당신이 하는 말은 글쎄 받아 들일 수가 없군요"라고 한다면 나는 그 사람의 나에 대한 존경도 그의 우정도 진정으로 받아 들일 수 없을 것입니다.

하나님은 우리의 믿음을 그에게 두기를 원하십니다. 어머니가 자신의 아이들로부터 "저희는 엄마를 사랑해요. 하지만 엄마가 말씀하시는건 믿지 않아요"라는 말을 듣는다면 그 어머니의 슬픔은 말할 수 없을 것입니다. 그러나 이것이 하나님의 자녀라고 스스로 고백하는 사람들이 하나님 앞에 범하는 실수입니다. 혹자는 믿음이 없는 사람을 무척이나 운이 없는 사람이라 평하겠지만 사실 그들은 단지 운이 없는 것이 아닙니다. 불신앙은 이 세상 사람들이 하나님 앞에 범하는 큰 죄입니다.

하나님의 말씀은 변함이 없습니다.

혹시 여러분 중 누구라도 하나님에 대한 믿음을 갖지 못할 이유가 있습니까? 하나님이 그의 말씀을 지키지 않은 적이 있었던가요? 나는 하나님 앞에 나와 손가락질을 하며 하나님이 약속하신 말씀을 지키지 않았다고 비난하는 믿음 없는 사람 그 누구도 용납하지 않을 것입니다. 지난 수천년 간 마귀가 어떻게 하나님이 우리에게 한 약속을 지키지 않았다고 우리를 속여 왔습니까! 아담과 하와를 통해서 말입니다. 나는 마귀의 속임수를 믿는 천 명의 사람들을 하나님의 진실함을 믿는 한 사람을 찾는 것보다 더 빨리 찾아 낼 수 있습니다. 사람들은 거짓을 더 신뢰하는 경향이 있습니다. 반면 하나님의 진리를 믿는 사람들은 거의 찾아 보기 힘듭니다. 여러분이 정말 구원 받았다면 그 구원을 가능하게 하는 하나님에 대한 믿음을 가져야 합니다. 여러분이 하나님을 신뢰하기 전까지 여러분의 구원은 무효입니다.

인을 침

"그의 증언을 받는 자는 하나님이 참되시다는 것을 인쳤느니라"
(요한복음 3:33)

요한이 요한복음을 쓸 당시에는 사람들이 자신의 이름 첫 글자를 새긴 도장 반지를 끼고 다니면서 이름을 오늘날과 같이 서명하는 대신 반지로 서류에 도장을 찍곤 했습니다. 그것이 곧 도장을 찍고 보증을 의미하는 것이었습니다. 하나님이 이 믿지 않는 세대에 오셔서 "누가 내가 진리임을 보증하겠느냐" 물으십니다. 이제 내가 여러분에게 묻고 싶습니다. "누가 하나님이 진리임을 보증하겠습니까?" 우리가 거짓말쟁이가 되고 하나님이 진리인 것을 증명하는 것이, 하나님을 거짓말쟁이로 우리를 진리로 포장하는 것보다 훨씬 나은 거래입니다. 하나님이 진리인 것을 보증하는 바로 그 순간 그리고 하나님을 신뢰하는 그 순간 평안이 찾아오고 그토록 오랜 동안 염원했던 행복을 찾게 될 것입니다.

신뢰없이는 평안도 없습니다.

많은 사람들이 신뢰를 갖기 전에 평화와 행복부터 찾기를 원합니다. 하나님을 먼저 신뢰하기 전에는 평안도 행복도 기쁨도 없습니다. 크리스천의 마음에 넘쳐 나는 기쁨은 하나님을 신뢰함으로 얻어지는 결과입니다.

내가 어떤 거지를 만났다고 합시다. 내가 그를 거지라고 호칭하자 그는 곧 나에게 말을 합니다.

"이제 나를 거지라고 부르지 말아 주실래요. 난 더 이상 거지가 아니거든요"

"당신, 여기서 매일 밤 구걸하던 그 거지 맞잖아요?"

"그렇죠."

"그럼, 어디서 그런 멋진 옷을 구했소? 그리고 더 이상 거지가 아니라는 말은 또 무엇이며?"

"나는 이제 더 이상 거지가 아니요. 난 이제 일천 파운드 이상 가치가 되는 사람이란 말이요."

"무슨 말인지?"

"어제 밤 내가 여기서 예전처럼 구걸하고 있지 않았겠소. 그런데 어떤 사람이 다가와서는 내 손에 천 파운드를 쥐어주고 갔소."

"그게 정직한 돈인지 어찌 아시오?"

"그 돈을 영국 은행에 가지고 갔더니 금으로 바꿔 주더이다"

"어찌 그런 일이 일어날 수 있단 말이요?"

"내가 손을 내밀었더니 그 사람이 곧 와서는 수표를 놓고 가버리더이다. 은행에 갔더니 금을 주더란 말이지"

"그 사람의 손이 정직한 지 어떤지 모르지 않소?"

"그 사람 손이야 내가 알바 아니고 난 그냥 돈이 생긴 거요."

믿음이란 손을 뻗어 축복을 받아 들이는 것입니다. 무엇이든 예수께로 나를 이끄는 것이라면 옳은 믿음입니다. 누군가 말하기를 믿음은 하나님 손 안에 있는 것을 보고 "그것은 내 것이야"라고 선포하는 것이라 했습니다. 그러나 불신하는 사람은 "하나님은 나에게 주시지 않아"라고 생각하지요. 오늘 이 시간 하나님께 믿음의 눈을 고정 시키고 구원을 얻으십시오.

누가 가질 것인가

모든 사람은 하나님을 신뢰함으로써 믿음을 소유할 수 있습니다. 하나님이 우리의 신뢰를 받을 자격이 없다고 생각하십니까? 하나님을 신뢰하고 있지 않다면 당신은 하나님을 아주 형편 없이 평가하고 있는 겁니다. 어떤 사람을 신뢰하지 않는다는 것은 그 사람을 폄하하고 있는 것이기 때문입니다. 믿음은 하나님의 말씀을 신뢰하는 것입니다. 하나님의 말씀을 하나도 빠뜨림 없이 믿으십시오. 앞으로의 모든 일들을 책임지실 것입니다. 예수 그리스도가 아닌 모든 대상으로부터 물러서서 오직 예수만을 마음에 받으십시오. 믿음은 하나님께 "예"라고 대답하는 것이라고 했습니다.

하나님이 우리를 구원하시지 않는다면 누가 이 일을 대신할 수 있을까요? 인간도 교회도 교리도 신조도 성전도 침례도 구원하시는 하나님을 대신 할 수 없습니다. 오직 내 안에 살아 계시는 예수님과 그를 세상에 주신 하나님만이 하실 수 있다는 말입니다. 누가 예수님을 취하며 누가 그리스도만을 신뢰하겠습니까? 믿음이 말하기를 내가 하리라 합니다. 이런 믿음이야말로 바로 당신이 할 수 있는 그 일이 아닙니까? 하나님을 단지 믿음으로써 구원을 얻는 것, 우리가 하는 일 중에 이것보다 더 나은 일이 있을 수 있습니까?

"내가 구원을 얻기 위해 무엇을 해야 하지?"라고 묻고 있다면 나의 답은 바로 이것입니다. "우리 주 예수 그리스도를 믿고 그가 우리를 구원하심을 신뢰하며 오직 예수만을 신뢰하라"고 말입니다.

사형 선고 받은 한 사람의 이야기

몇년 전 사형선고를 받은 남자가 목이 잘리기 직전 왕자로부터 마지막 소원이 무엇이냐는 질문을 받았습니다. 그 남자가 소원한 것은 단지 물 한 잔이었습니다. 그래서 물 한 잔을 가져다 주었는데 그는 손이 떨려서 물을 마실 수가 없었습니다. 왕자가 말하기를 "그 물을 다 마실 때까지 네 목숨은 안전할 것이다" 그 말을 듣고 난 그 죄수는 물을 바닥에다 쏟아 버렸습니다. 그들은 물을 다시 주워 담을 수가 없었으므로 죄수는 사면 되었습니다.

여러분, 오늘 하나님의 말씀을 있는 그대로 믿음으로써 구원을 받습니다. 생명의 물은 누구든지 원하는 사람에게 공급됩니다. 지금 그 물을 마시고 생명을 얻으십시오. 믿음은 들음에서 나고 들음은 하나님의 말씀으로부터 옵니다(로마서 4:17).

믿음은 우리가 보고 느끼는 것이 아닙니다.
믿음은 단순히 신뢰하는 것입니다.
사랑의 하나님의 말씀을
예수님이 정의의 하나님이심을.

chapter 03
영적무지

너희에게나 다른 사람에게나 판단 받는 것이 내게는 매우 작은 일이라 나도 나를 판단하지 아니하노니 내가 자책할 아무 것도 깨닫지 못하나 이로 말미암아 의롭다 함을 얻지 못하노라 다만 나를 심판하실 이는 주시니라 - 고전 4:3,4

누가복음 4장 18절은 예수님이 우리의 눈을 뜨게 하려 이땅에 왔다는 말씀을 전합니다. 즉 "주의 성령이 내게 임하셨으니 이는 가난한 자에게 복음을 전하게 하시려고 내게 기름을 부으시고 나를 보내사 포로 된 자에게 자유를, 눈 먼 자에게 다시 보게 함을 전파하며 눌린 자를 자유롭게 하고"라고 예수님께서 이 땅에 오신 목적을 말씀하고 있습니다. 본장은 4번째로 말씀하시는 "눈먼자에게 다시 보게 함을 전파하며"란 말씀에서 눈먼 자의 회복에 대해 전하고자 합니다.

사도 바울은 고린도후서 4장 3절에 "만일 우리 복음이 가리웠으면 망하는 자들에게 가리운 것이라"라고 합니다. 이 세상이 마치 거대한 소경들의 수용소인 것처럼 들리지 않습니까? 이 세상은 상한 심령의 소유자들로 가득차 있습니다. 그리고 자신들의 죄로 손과 발이 꽁꽁 묶여서 감옥에 갇힌 상태로 있는 사람들로 가득합니다. 그래서 이 세상은 소경일 뿐만 아니라 상한 심령으로 고통하는 사람들이 갇혀 있는 곳이라 할 수 있습니다. 아마도 이 세상 대부분의 사람들이 이 세 가지 범주 안에서 벗어나지 못하고 있다고 해도 과언은 아닙니다.

사탄과 예수님을 비교해 봅시다. 사탄은 여러분의 마음을 상하게 하고 예수님은 싸매십니다. 사탄은 이 세상 사람들의 손과 발을 묶지만 예수님은 그 족쇄를 풀고 우리를 자유케 하십니다. 사탄은 우리를 눈 멀게 하지만 예수님은 우리의 눈을 열어 주십니다. 예수님은 싸매고 풀어 주며 열어 주기 위해 우리에게 오셨으나 세상의 반응은 어떠했을까요? 예수님이 회당으로 가서 이 놀라운 복음을 전하시며 하나님의 영이 예수님과 함께 있음과 이는 그 세상에 갇힌 자들을 풀어 주려함임을 가르쳤으나 그들은 예수님을 내쫓고 산 꼭대기의 절벽으로 내 몰았습니다. 할 수만 있다면 지옥으로라도 보내겠다는 듯이 말입니다. 사람들은 이렇게 지난 수천년간 복음을 냉대해 왔습니다. 예수님이 베다니에 가서 마르다와 마리아의 남매 나사로를 살리시고 상한 심령을 어루만지며 자비를 가르칠 때도 그들은 예수님을 죽이려 했습니다. 마가복음 3장은 예수님이 묶인 자를 풀어 주신다고 했지요. 그 누구도 고칠 수 없는 귀신에 사로잡힌 사람을 풀어 주었으나 돼지 몇 마리를 잃은 것에 분개해 예수님을 쫓아내 버렸습니다. 그리고 예수님이 돌아가시기 며칠 전 갈보리로 향하기 바로 직전 소경의 눈을 뜨게 하셨습니다. 그러나 그들은 이를 빌미로 예수님을 갈보리로 끌고 가 십자가에 못 박아 버렸습니다.

현재 전 세계적으로 3백만의 소경이 존재한다고 합니다. 이들은 자연적 시력을 잃은 사람입니다. 그러나 영적 시력을 잃은 사람은 얼마나 될까요? 런던의 집회에서 설교를 아주 열정적으로 하는 목사인데 안타깝게도 소경인 사람을 본 적이 있습니다. 나는 그를 더 알고 싶은 호기심으로 집회가 끝난 후 단독 만남을 요청했습니다. 그는 어릴 때 시력을 잃게 되었다며 그의 이야기를 계속했습니다. 그가 어릴 때 의사로부터 다시는 시력이 돌아오지 않는다는 진단을 받은 후 그의 어머니는 아들을 부둥켜안고 울부짖었습니다. 하나님의 변치 않는 사랑을 까맣게 잊고서 말입니다. 그는 결국 목사가 되어 소경들을 위해 성경을 12개 언어의 점자로 출판했습니다. 그는 3백만의 성도를 섬기는 목회자가 되었던 것입니다. 시력을 잃은 그는 런던에서 가장 행복한 사람 중의 한 사람이라고 믿습니다. 비록 육체적 시력은 잃었으나 영혼의 눈으로 영원한 미래를 볼 수 있었던 것입니다. 그는 살아 있는 하나님이라는 주춧돌 위에 자신의 삶을 세우기로 결단했습니다. 우리는 육체적 시력을 잃은 사람들을 동정하지만 우리가 영적인 시력을 잃었다면 그 얼마나 더 통탄할 일이겠습니까? 우리 인간의 큰 문제는 대부분의 (영적)소경들이 교회에 몰려 있다는 것입니다. 예수님도 그들이 영적 소경임을 깨우치는데 실패하였습니다. 예수님의 제자도 하나님이 하늘로 올라가시고 난 후에야 그들의 영적 눈이 뜨이고 진리를 볼 수 있게 되지 않았습니까?

이제 영적 소경의 몇 가지 부류를 설명해 보고자 합니다. 먼저 이 도시에 거주하는 부자들입니다. 아마도 이 도시의 가장 큰 부자 중의 한 사람이 영적 소경임을 발견하는 데는 많은 시간이 걸리지 않을 것입니다. 자신의 이익에 눈이 먼 소경 말입니다. 자신의 모든 에너지를 돈을 버는데 쓰는 사람은 돈에 눈이 먼 사람입니다. 돈을 쫓는 데 너무 열중해 하나님을 볼 수가 없습니다. 돈이 그의 하나님인 것입니다. 그가 외치는 것은 오로지 "돈, 돈"이며 하나님이나 구원, 영원한 삶에는 도무지 관심이 없습니다. 그래서 그들이 원하는 것을 얻었지만 그들의 영혼은 메말라 시들어 있는 것입니다. 하나님은 그들에게 영혼을 추구하는 갈망을 주셨건만 정작 그들은 자신의 영혼을 시들도록 내팽개쳐 버린 것입니다.

어떤 큰 부자가 죽음을 앞두고서 "수의(壽衣) 속에는 은행이 없다"라는 속담을 기억해 내고는 죽을 때 그의 재산을 가져갈 수 없다는 걸 깨달았습니다. 그래서 변호사를 불러 그의 재산을 처분했습니다. 그의 어린 딸은 그가 도대체 어디로 가는지 이해가 되지 않아 그의 아버지에게 물었습니다. "아빠가 가는 곳에는 집이 있나요?" 그 말이 그의 영혼을 찔렀습니다. "거기에 집이 있냐고?" 그 부자는 하나님으로부터 서둘러 떠나 돈을 관리하느라 하나님 나라의 집을 관리하지 못했고 이젠 너무 늦어 버렸습니다. 이곳 시카고에도 이런 상황에 있는 수많은 사람들이 있습니다. 즉 죽을 때 가지고 갈 수 없는 것들을 축적하느라 자신의 전 생애를 바치는 사람들 말입니다. 더욱 안타까운 것은 가난한 사람들이 기본적 생존에 필요한 것을 얻으려 발버둥치는 동안 부자들은 재산을 축척하는데 온 정신을 팔고 있다는 것입니다. 이들 부자들은 자신이 돈을 하나님으로 삼고 있는 영적 소경인 것을 깨닫지 못하고 있습니다.

다음 부류는 돈에는 그다지 개의치 않는 층입니다. 바로 사업가 계층으로서 그들은 항상 "사업, 사업, 사업"을 부르짖으며 다닙니다. 그들을 사업가 장님이라고 부르기로 합시다. 아침에는 회의를 하느라 예배를 드릴 시간이라고는 없고, 오후에는 매장을 관리하며 쉴새 없이 다녀야 하므로 저녁식사도 가족과 함께 하지 못합니다. 자기를 앞서가는 누구도 용납하지 못하며 귀가 시간은 항상 가족 모두가 잠든 다음입니다. 당연히 아이들과 함께 보낼 시간은 없습니다. 어떤 사람은 "나는 사업을 돌보는 것이 나의 가장 큰 과업이며 그 누구도 나를 앞지르는 걸 참을 수 없어요"라고 말합니다. 사업이 바로 그 사람의 신인 것입니다. 그 사람이 장로이건 집사이건 상관 없이 그들의 신은 그들의 사업이며 바로 그 신이 그들을 눈멀게 한 것입니다. 최근에 죽음을 맞이한 사업가의 경우를 봅시다. 사람들은 그를 영리하며 재간이 뛰어난 사람이라 평합니다. 사업에는 그를 따를 자가 없고 그의 온 영혼은 사업에 바쳐졌습니다. 세상은 그를 위대하다 혹은 힘의 대명사로 취급합니다. 그러나 하나님의 아들로 하여금 조문을 쓰게 하고 그의 무덤에 묘비명을 쓰게 한다면 "너 어리석은 자여"가 될 것입니다. 사람들은 말하기를 "사업을 먼저 관리해야 해"라고 하지만 하나님은 "하나님의 나라를 먼저 구하라"고 하십니다. 그 사업이 아무리 합법적이며 위대한 사업이라 해도 명심 하십시오. 하나님은 "사람은 하나님의 나라를 먼저 구해야 한다"고 말씀 하신다는 것을.

또 다른 부류의 사람이 있습니다. 그들은 부자를 그다지 동경하지도 부를 쫓지도 않습니다. 사업에 많은 시간을 할애하는 것도 아닙니다. 다만 그들은 정치적으로 눈먼 정치소경입니다. 정치에 중독되어 있는 것입니다. 선거 때 기도하는 사람이 얼마나 되겠습니까? 각자 추종하는 선거 후보자가 있어 그들을 후원하느라 이리 뛰고 저리 뛰지만 이를 위해 기도하는 사람은 없습니다. 하지만 그들은 기도로 저 높은 보좌에 계시며 거짓이 없으신 분의 지시를 받아야 하는 것입니다. 많은 사람들이 대통령자리를 꿈꾸지만 큰 실망감을 안은 채 이 세상을 떠나는 것을 우리는 보아 왔습니다. 세상은 그들을 위대하다고들 하지만 실제로 눈이 먼 불쌍한 존재들입니다. 그들이 쫓은 유일한 대상은 위대함 다시 말하면 사회적 지위와 대통령직입니다. 그들의 위대함 명석함 총명함은 하나님 앞에서 아무것도 아닙니다. 명석한 사람의 명성은 하나님의 아들이 사람들의 가슴 속에 길이 남겼을, 그리고 그들이 이 세상을 떠난 후에도 마르지 않는 시냇물처럼 면면하게 흐르는 지고의 선을 무색케 할 만큼 위대했는지도 모릅니다. 그러나 그들 삶의 목적은 세상을 향해 있었고 따라서 그들의 업적은 그들의 죽음과 함께 먼지처럼 사라져 버린 것입니다.

그런데 이 세상은 사업이나 정치에 관심 없는 사람들이 더 많습니다. 다만 그들이 원하는 것은 인생을 마음껏 즐길 수 있을 만큼의 충분한 돈입니다. 이렇게 삶의 쾌락으로 눈이 먼 사람들은 또 얼마나 많은지요. 한 여성이 구도자를 위한 모임에 참석해서 크리스천이 되고 싶기는 하지만 이제 곧 있을 무도회가 끝날 때 까지 미루고 싶다는 것입니다. 그녀에게는 무도회가 하나님의 나라보다 더 가치 있는 대상입니다. 무도회 때문에 하나님 나라에 입장하는 것을 미루는 것입니다. 그러나 죽음이 그녀에게 언제 닥칠지 알 수 없으며 그때는 그녀도 어쩔 수 없이 하나님 앞에 서야 합니다. 그녀는 쾌락 앞에서 소경이 되어 버린 것입니다. 잠깐 동안 쾌락 때문에 아무 대가도 요구하지 않는 하나님의 나라를 걷어 차 버린 것입니다. 또 다른 사람은 눈물을 글썽이며 "내가 크리스천이 되면 이제 더 이상 즐기며 살수 없잖아요. 극장도 갈수도 없고, 소설도 읽을 수 없으며 카드놀이도 이젠 끝일 텐데 대체 뭘 하고 살아요?" 그러나 그는 예수님의 포도원에 입장해 그 농원에서 일하고 잃어버린 영혼들을 예수께로 인도하는 삶이 주는 기쁨을 전혀 알지 못합니다. 사람들은 두 눈을 오히려 크게 뜬 채로 예수님과 함께 하는 삶보다 쾌락과 동거하는 삶을 택하는데 주저하지 않습니다.

다음은 패션을 신으로 섬기는 부류입니다. 많은 여성들이 최신 유행 패션을 쫓느라 인생을 허비합니다. 무도회장과 패션이 불러일으키는 짜릿함이 그들의 신이 되어버린 것입니다. 이런 분들은 눈을 들어 좀더 고귀한 일을 찾는 것이 어떨까요. 변변한 옷은 없지만 가난한 사람과 나누는 삶을 산다면 오래도록 가시지 않는 기쁨과 위안이 있을 테니 말입니다. 하루를 나비가 날갯짓 하듯 패션과 쾌락에 몰두하느라 자신의 영혼을 돌아 볼 여유가 없는 사람은 불쌍한 사람입니다. 그들은 자신이 장님이란 걸 모르는 채 살아가고 있습니다.

여기 한 방탕한 청년이 있습니다. 그 청년의 한달 월급은 1,000파운드인데 3,000파운드의 생활비를 쓰고 있습니다. 그 돈이 어디서 생겼을까요? 그의 아버지는 가난하므로 그에게 그만한 돈을 줄 수가 없습니다. 이제 그의 회사 사장이 그를 의심하기 시작합니다. "내가 지급하는 돈은 1,000파운드인데 저 사람은 어떻게 3,000파운드를 받는 사람과 동등한 생활을 누리는 거지?" 사장은 회계 장부를 뒤져 돈이 과다 인출된 것을 발견했고 그 청년이 누리던 모든 것이 끝장나 버렸습니다. "오늘 밤 극장에 가고 싶은데 그냥 조금만 꺼내 쓰고 다음주에 갚지 뭐"라는 생각으로 많은 젊은이들이 자신의 쾌락을 위해 회사로부터 돈을 횡령합니다. 그 다음 주에도 그 돈을 갚지 않고 또 다시 돈을 꺼내 씁니다.

그러기를 계속하다 보면 결국 덜미를 잡히게 되고 직장은 해고되고 추천서조차 받지 못할 지경으로 삶이 파괴되어 버리는 것입니다. 이런 일들이 허다하게 일어나고 있으며 나는 이런 사연을 담은 편지를 무수히 받고 있습니다. 누구든 이런 일들에 휘말린 분들이 있다면 하나님이 여러분의 눈을 열어서 눈앞에 닥친 죽음과 파멸을 피할 수 있기를 기도합니다.

지금까지 무절제한 삶을 주제로 많은 이야기를 나누었습니다. 선거가 무척 걱정이 되는 것은 많은 젊은이들이 술을 광적으로 마셔 댈 것이기 때문입니다. 술은 사람을 차별하지 않아서 아무리 명석한 사람도 훌륭한 정치가도 전문직에 종사하는 사람도 젊디 젊은 청춘도 한번 빠지면 헤어날 수 없는 것입니다. 술에 빠진 사람들은 언제든 원하기만 하면 끊을 수 있다고 믿고 있습니다. 그러나 술에 한 번 붙잡히게 되면 스스로 그 힘을 끊을 수 있는 능력이 우리에게는 없습니다. 오직 예수님만이 그 유혹의 잔을 끊을 힘을 주십니다. 이 세상이 섬기는 갖가지 신들은 사람들에게 예수님 없이 무엇이든 할 수 있다고 말합니다. 그러나 예수님이 내게 허락하신 권위가 있다 할지라도 당신의 구원을 가능하게 하실 분은 오직 하나님의 아들뿐이라는 겁니다. 당신이 예수님을 믿는 믿음으로 말입니다.

한 사람이 강둑에 서서 조류 한 가운데 급류를 향해 떠내려 가고 있는 청년에게 소리 지릅니다. "이보시오, 젊은이! 물가로 빨리 나오시오. 안 그러면 죽고 말테니" 그러나 그는 비웃으며 농담조로 "당신 일이나 신경 쓰시오. 그리도 할 일이 없소? 내 일은 내가 알아서 할 테니" 조금 후 거센 물살 소리가 들리기 시작하자 전력을 다해 급히 노를 당겨 보지만 물살이 이미 너무 거세진 뒤입니다. 급기야 그는 급류 한가운데서 점점 죽음의 심연으로 빨려 들어가 마지막 비명 소리를 남기며 숨이 끊어지고 맙니다. 이렇게 사람들은 소용돌이 한 가운데 있으면서도 자신에게 닥치고 있는 위험에 무지합니다. 그들은 부와 쾌락, 술 등의 소용돌이로 한없이 빨려 들어가고 있습니다. 사탄이 그들의 두 눈을 가리고 바닥 없는 심연 속으로 끌고 들어가고 있는 것입니다.

어떤 사람들은 농담조로 "우린 지금 좀 젊은 혈기를 부리고 있을 뿐이야. 조금 있으면 나아질거야" 그러나 나는 그들이 그 뿌린 씨를 거두고야 마는 것을 종종 보아 왔습니다. 뿌릴 때는 좋았는데 그 열매를 거둘 때는 완전히 다른 상황이 되는 것입니다.

언젠가 밤늦게 집에 도착하자 온 동네가 술렁이고 있었습니다. 한 남자가 갑자기 찾아와 문을 거칠게 두드리며 고함을 지르자 그 집 사람들이 질겁을 하고 문을 잠가 버렸습니다. 그러자 그 남자는 내 집 앞으로 와서는 벨을 누르지도 않고 무조건 문을 밀치고 들어오려 했습니다. 집 안에 있던 사람들이 원하는 것이 무엇이냐고 묻자 그는 나를 만나야 한다고 했고, 내가 회의에 참석 중이라는 말을 들은 그 남자는 신음 소리를 내며 길거리로 다시 뛰쳐 나갔습니다. 내가 거리를 걸어오고 있을 때 그가 스쳐 지나가는가 싶더니 곧 돌이켜 내 팔을 움켜 쥐었습니다. 그리고

"내가 오늘 밤 구원받을 수 있나요? 오늘 밤 1시 귀신이 나를 데리러 옵니다."

"이보시오, 당신 뭔가 잘못된 것 아니요?"

나는 그가 어딘가 정신이 나간 사람인가보다 생각했습니다. 그러나 그는 계속 말하기를 귀신이 벌써 그에게 나타나서 자신의 목숨은 1시까지라고 알려 주었다는 것입니다. 그는

"내 방으로 가서 내 옆에 있어 주지 않겠습니까?"

라고 청했고 나는 몇 사람을 데리고 그의 방으로 갔습니다. 1시

가 되자 그는 정신없이 고통으로 뒤틀려 일그러지기 시작했는데 방안에 있던 그 누구도 그를 붙잡을 수 없었습니다. 그 사람은 자신이 뿌린 씨를 거두고 있었던 것입니다. 죽음의 천사가 나타나 그 차가운 손을 그 몸에 댈 때 그가 얼마나 자비를 애걸하며 용서를 구했는지 비참할 정도였습니다.

여러분들은 남의 일이라고 말하고 있지만 그 결과를 거두어 들일 날이 곧 옵니다. 하나님이 오늘 그것이 얼마나 거짓이며 얼마나 비참한 삶을 살고 있는지 눈을 열어 보여 주시기를 기원합니다. 지금 이 시간 은혜가 풍성한 하나님께 마음을 열어 하나님 없는 삶이 얼마나 절망이며 파괴된 삶인지 볼 수 있게 되기를 원합니다. 예수님은 오늘 여러분을 구원하실 모든 준비가 되어 있습니다. 구원 받을 준비가 되어 있는 여러분을 위해서 말입니다.

chapter 04
상처입은 사람들에게

주의 은혜의 해를 전파하게 하려 하심이라 하였더라 - 눅 4:19

여러분에게 예수 그리스도가 왜 이 땅에 오셨는지 물어 본다면 대다수가 죄인을 구하러 오셨다고 대답하실 것입니다. 그리고 그 이상 설명할 방법을 찾지 못하실 겁니다. 많은 사람들이 예수님이 이 땅에 오신 것은 '죄인을 구하러 오신 것' 그 이상은 없다고 생각하지요. 누가복음에서 예수가 "잃어버린 자들을 찾아 구원하러 오셨다"고 했고, 다시 "상처 입은 자들을 낫게 하려 오셨다" 했습니다. 누가복음 18장 4절에 하나님의 영이 예수께 임해 가난한 자들에게 복음을 전하게 하려 하심이라 했습니다. 다음 절은 예수가 "상처 입은 자들을 고치려 보내심을 받았다"라고 했습니다. 또 다른 성경에서는 (하나님) 아버지가 누구임을 선포하며 그를 사람들에게 드러내려 하심이라고 했습니다.

본문에서는 "예수님이 상처 입은 자들을 치유하러 이 땅에 오셨다"는 말씀을 생각해 보기로 하겠습니다. 웨일즈의 왕자가 몇 년전 시카고를 방문했을 때 왕자의 방문 목적을 두고 전국이 떠들썩했습니다. 그가 온 이유는 과연 무엇일까? 우리 정부의 공화 정치를 시찰하러 왔는지 아니면 제도를 시찰하기 위해 왔는지, 아니면 단지 관광목적으로 혹은 자신을 대중 앞에 드러내려 왔을까? 결국 그는 자신의 방문 목적을 알리지 않은 채 그냥 떠나 버렸습니다. 그러나 평화의 왕자가 이 땅에 왔을 때는 아무런 비밀이 없었습니다. 그는 이 땅을 관광하기 위해 혹은 단지 자신의 존재를 알리러 온 것이 아니라 "잃어 버린 자들을 찾고 상처 입은 자들을 치유하러" 오셨다고 말합니다. 이 말씀은 나를 한 가지 풀 수 없는 의문으로 이 끕니다. 즉 '왜 상처 입은 자들은 이 훌륭한 의사 선생님(예수님)께 나오지 않고 그저 몇 년이고 허송세월을 보내고 있을까' 라는 질문입니다. 얼마나 많은 시카고 시민들이 상한 심령을 안은 채 땅 속에 묻혀 버렸습니까? 성경의 예수님이 상처입은 자들을 치유하러 오셨다는 구절을 그들도 읽고 있음에도 그들은 오랜 세월 가슴 속에 온갖 고통을 담은 채 살고 있습니다. 그런데 예수님이 하나님으로부터 보내심을 받아 하늘 보좌를 떠나 이 땅에 오셔서 상한 심령을 치유하신다는 것입니다.

여러분, 지구상의 그 누구도 상한 심령을 갖지 않은 사람은 없습니다. 부자나 가난한 자들 모두 각기 나름의 고통이 있습니다. 내가 가난한 사람들의 집을 방문할 때는 그들만이 상한 심령을 갖고 있다고 믿었습니다. 그러나 최근 몇 년간 발견한 사실은 배운 자들도 배우지 못한 자들도 교육을 받은 자들도 받지 못한 자들도 부자도 가난한 자들 만큼이나 상한 심령을 안고 살고 있다는 것입니다. 여러분들이 이 거리를 오르내리며 사람들을 만나 그들의 이야기를 듣다 보면 실로 놀랄 만한 그들의 가족사에 어리둥절해 질 것입니다.

내가 만난 상한 심령들은 아들의 알코올 중독에 울고 있는 어머니, 주일학교 어린이의 죽음으로 비통해 하는 어머니의 울음, 남편으로부터 버림 받고 다가오는 겨울을 날 방법을 알지 못해 울먹이는 여인, 아들로부터 버림 받은 노모 등이었습니다. 그날 하루 동안 나는 다섯 가정을 방문했는데 단 한 가정도 비통한 사연이 궁색한 집은 없었습니다. 소위 "문제가 없는 가정은 없다"는 속담이 진실임을 알 수 있었습니다. 이 글을 읽고 있는 중에도 여러분은 자신의 가슴 아픈 사연을 되씹고 있는지도 모르지요. 나는 여러분을 잘 알지 못하지만 아마 여러분이 마음을 열고 자신의 이야기를 시작한다면 헤아릴 수 없는 슬픈 사연을 털어 놓을 것입니다.

바로 어제 밤에도 내가 만난 젊은 상인은 지난 몇주간 자신의 고통을 감당할 길이 없어 몇 번이나 호수를 찾아 몸을 던질 유혹에 빠졌었다고 고백했습니다. 지금도 이 지상에는 수백 혹은 수천 명이 고통 속에 뒹굴고 있을 것입니다. 이 거대한 도시의 슬픈 사연을 책으로 엮는다면 이 건물이 그 책을 담아 두기에 부족할 것이며, 그 책을 다 읽으려면 평생을 바쳐야 할 것입니다. 아담 때부터 지금까지 사람들의 눈물은 그치지 않고, 상한 심령을 가진 자들의 비통한 울음은 하늘로 하여금 잠시도 쉴 틈이 없게 했습니다.

 다시 한 번 말하지만 어떻게 그 모든 상한 심령의 소유자들이 바로 그들을 치유하러 온 예수님을 피해 왔는지 정말로 궁금합니다. 우리는 자신의 아들을 잃은 야곱의 눈물과 그의 아들 딸들의 위로조차 거부한 것을 기억하며, 데이빗이 그의 아들 압살롬이 죽었다는 전령의 소식을 받고 고뇌에 차 "오 압살롬 내 아들아 내가 네 대신 죽을 수 있었다면" 하며 울부짖는 것을 들어 알고 있습니다. 또한 예수님이 이 땅에 오셨을 때 처음 접했던 소리는 고통의 소리였습니다. 아들의 죽음을 지켜봐야 했던 베들레헴의 어머니들 말입니다. 말구유로부터 십자가까지 예수님은 고통으로 점철된 삶을 사셨습니다. 예수님은 가끔 하늘을 우러러 탄식하셨습니다. 아마도 주변의 그리고 온 천지의 고통 받는 사람들을 위한 탄식이요, 비록 그들 삶의 짐을 덜어 주려 오셨지만 사람들이 그를 받아 들이지 않는 현실에 대한 탄식이었을 것입니다. 수백 수천의 사람들이 그들 삶의 짐 뿐만 아니라 죄의 짐까지 지러 오신 예수님께 와서 그 짐을 맡겨 버리면 자유함을 누리지 못할 사람이 없습니다.

"보내심" "그가 나를 보내셨다"라는 단어를 중심으로 성경을 찾다보면 한 가지 사실을 발견할 수 있습니다. 즉 하나님으로부터 보내심을 받은 사람은 결코 실패하지 않는다는 것입니다. 하나님은 30만을 노예 생활로부터 풀어주시기 위해 모세를 이집트로 보냈는데 실로 그 발상은 황당하기 짝이 없었습니다. 말은 어눌하고 군대도 없고 군을 지휘할 장군은 더더욱 없으며, 전투 경력도 없는 모세를 통해 그 어마어마한 국력을 자랑하는 이집트 군대를 맞서서 30만을 구하려 하다니 말입니다. 하지만 하나님은 모세를 보내셨습니다. 파라오가 그들이 떠나도록 허락할 리가 없습니다. 파라오는 막강한 힘을 가진 그의 군대로 이스라엘을 추격하게 해 그들을 막으려 했지만 오히려 실패한 쪽은 파라오였습니다. 모세는 하나님의 보내심을 받았으므로 실패할 수 없었던 것입니다. 하나님은 또한 여호수아를 여리고로 보내 여리고 성벽을 따라 그저 돌기만 하게 했습니다. 때가 차자 여리고 성벽은 여지없이 무너지고 여호수아는 여리고를 장악하게 되었지요. 하나님은 엘리야를 아합에게 보냈고 그 결과는 여러분이 잘 알고 있을 것입니다. 삼손과 기드온이 하나님의 보내심으로 이룬 일들도 성경에 기록되어 있습니다. 이런 모든 성경의 기록들이 하나님의 보내심을 받은 사람들은 절대로 실패하지 않음을 보여주고 있는 것입니다.

자 그럼 여러분, 하나님이 보내신 예수님은 어떨까요? 모세나 엘리야, 여호수아, 기드온, 삼손과 같은 위인들이 하나님이 보내신 과업들을 완수했다면 하나님의 아들이 과연 실패할 수 있을까요? 너무나 상처가 깊어서 예수님이 손을 댈 수 없을 정도로 망가진 영혼이 있을 수 있을까요? 아닙니다. 예수님은 이 어떤 유형의 상처도 치유하실 수 있습니다. 다만 사람들이 예수께 나아오지 않기 때문입니다. 팔다리가 부러졌을 때는 가장 유능한 의사를 찾아 가겠지만 우리의 영혼이 상처를 입었을 때는 의사나 성직자를 찾을 필요가 없습니다. 물론 예수님의 시대에는 병원도 의사도 없었지요. 환자가 생기면 그저 그를 문 앞에 내다 놓으면 지나가는 사람이 처방을 내려 주고는 했습니다. 자신의 병력과 같은 병을 앓고 있는 환자를 보면 자신의 치료 경험담을 들려주는 것이었습니다. 자신의 병을 낫게 한 비법을 혼자만 간직할 수 없었던 게지요. 자신의 집 문 앞에서 고통 중에 있는 환자는 사실 그 누군가의 처방보다는 그 사람의 치유 받았던 경험담에 더욱 힘을 얻었습니다.

예수님은 모든 상처 입은 심령을 치유하러 오신 위대한 의사입니다. 다른 의사를 찾아갈 필요가 없습니다. 그럼에도 사람들은 치료의 대가인 예수님을 제쳐 놓고 다른 의사를 찾으러 다닙니다. 이런 교리 혹은 저런 교리 이런저런 목회학 박사들을 말입니다. 예수님 스스로 말씀하시기를 그의 지상 임무가 상처 입은 심령을 치료하는 것이라 하셨으므로 이제 단순하게 그 말씀을 받아들이고 우리를 치료해 주실 것을 요청합시다.

예수님을 알고 있는 사람과 알지 못하는 사람들의 차이가 무엇일까요? 남편의 죽음에 절망하고 애통하는 미망인들도, 예수님께 그들의 짐과 고통을 가지고 가 아뢰는 대신에 밤낮을 혹은 수년간을 애통해 하다가 결국 세상을 떠나고 맙니다.

몇년 전 한 가족이 유럽으로 향하는 배를 탔습니다. 그 배는 대서양 한 가운데서 다른 배와 충돌해 좌초되고 말았습니다. 나는 그 어머니가 두 딸들을 데리고 초신자들을 위한 모임에 참석하기 위해 교회로 오던 것을 기억합니다. 그 딸들이 앉아서 나의 설교를 듣는 장면은 내가 여지껏 보아 온 어떤 모습보다 아름다웠습니다. 구원에 대한 설교를 들을 때면 그 아이들의 두 뺨에 눈물이 흘러내리는 것이었습니다. 마침내 교회에 등록할 순간이 왔을 때 그 아이들도 교리문답을 하겠다고 나섰고 그 아이들의 구원에 관한 지식은 교회 장로의 그것과 비교해 손색이 없을 정도였습니다. 그 가족이 탔던 그 배는 결국 좌초되고 어머니만 겨우 목숨을 구했습니다. 내가 그 소식을 신문을 통해 알게 되었을 때 에딘버러의 교구 임무를 포기하고 리버풀로 급히 와 그녀를 위로하기로 했습니다. 그런데 내가 도착하기 전 이미 예수님께서 그녀를 심방 하신 것이 아닙니까? 내가 그녀를 위로하기는커녕 오히려 그녀가 나를 위로하고 있었습니다. 그녀는 내게 죽은 그녀의 아이들이 바다 밑에 가라 앉아 있는 것이 아니라 예수께서 아이들과 함께 하기를 원하셔서 그 배를 타게 하신 것이며, 그녀가 아직 살아 있는 건 좀 더 주님을 위해 살아야 하기 때문인 것이라고 설명해 주었습니다.

여러분 중 사랑하는 사람들, 아버지, 어머니, 형제, 남편, 혹은 아내를 잃은 분들은 지금 예수께로 나아오십시오. 하나님이 여러분의 상한 심령을 치료하시려고 주님을 보내셨습니다.

한 어머니가 내게 다가와서는 "당신이 그렇게 말하기는 쉽지요. 나의 짐을 당신이 지고 있다면 아마도 주님께 내려놓기는 쉽지 않았을 겁니다." "당신의 짐이 너무 버거워서 예수님이 지실 수 없다는 말씀입니까?" "아니요, 그토록 무거운 짐이라 할 수는 없지만 그냥 예수님께 드릴 수 없는 짐이지요" 나는 그녀에게 "그건 당신이 잘못 생각하고 있는 겁니다"라고 말해 주었습니다.

수많은 사람들이 자신의 무거운 짐을 지고서 예수님께 나아오기는커녕 그 짐을 더욱 꽁꽁 싸맨 채 등에 지고 비틀거리며 사라집니다. 그녀의 고통이 무엇이냐고 묻자 그녀는 "내게 아들이 있는데 세상 어딘가를 방황하고 있다오. 그 아이가 어디 있는지 안다면 찾아 갈 텐데… 내가 얼마나 그 아들을 사랑하고 있는지 당신은 모를 거예요. 난 그저 괴로워서 죽고만 싶어요" "그 아들을 예수님께 맡겨 드리세요. 그 아이가 아무리 세상 끝에서 방황할 지라도 하나님 보좌 앞에서 그를 만날 수 있을 겁니다. 그뿐만 아니라 다시는 그를 볼 수 없을지라도 하나님이 천국에서 그를 만날 수 있다는 확신을 주실 겁니다."

그리고 그녀에게 인디애나에 사는 한 어머니의 이야기를 들려 주었습니다. 그녀는 어느날 자신의 아들이 시카고에서 술에 취한 채 거리를 방황하고 있다는 소식을 듣게 되었습니다. 그들 부부는 밤새 잠을 이룰 수 없었지만 예수님께 아픔을 맡겼습니다. 그 다음 날 아침 어머니는 자신의 아들이 다시는 술에 취하지 않을 것이라는 확신을 얻었습니다. 그리고 그 믿음대로 1주일 후 그 아들은 시카고를 떠나 자신의 부모를 찾아와 말했습니다. "어머니 저를 위해 기도해 주세요"

자, 여러분의 짐을 예수님께 가지고 와서 그 발 앞에 내려 놓으십시오. 그러면 위대한 의사이신 예수께서 그 상한 마음을 고치실 것입니다.

"그럼 어떻게 하는 것이 예수님께 짐을 맡겨 드리는 건가요?"라는 질문이 나올 수 있겠지요. 내 친애하는 친구 여러분! 예수님께는 친구처럼 다가가야 합니다. 예수는 신화의 인물이 아닙니다. 그러므로 이 세상의 벗을 대하듯이 예수님을 대하는 것입니다. 죄가 있다면 예수님께 나아가 아뢰고 큰 고통이 있다면 그 짐을 가져가 예수님 가슴에 묻는 겁니다. 사람들에게 여러분의 근심을 들어달라고 하면 시간이 없다며 물러 갈 테지만 예수님은 그 기나긴 사연들을 들어 주실 뿐만 아니라 싸매 주시기까지 하시니 말입니다.

미국 독립 전쟁 중 있었던 일입니다. 군에 지원한 20살이 채 안 된 한 청년이 총살형을 받게 되었습니다. 사연인즉 친한 벗을 좇아 군대에 입대했고 어느날 밤 친구가 보초를 서야 할 때 친구는 그 청년에게 대신 서 줄 것을 부탁했습니다. 그런데 문제는 그 다음날 밤이 그 청년의 당번이었던 겁니다. 당연히 그 청년은 보초를 서다 잠이 들었고 재판에 회부되어 사형 언도를 받게 되었던 것입니다. 전쟁 중이라 군법은 엄히 지켜져야 했으며 대통령은 이미 이런 위법 사항에 예외가 없이 처벌하도록 하라는 명령을 내린 바였습니다. 버몬트에 있는 그의 부모는 큰 비탄에 휩싸였습니다. 그들은 그 무엇도 자신의 아들을 살릴 수 없다는 것을 발견하고 완전히 절망에 빠져 버렸습니다. 그런데 그들의 어린 딸은 생각이 달랐습니다. 이 딸은 링컨 대통령이 자신의 자녀를 얼마나 사랑했는지 링컨의 자서전을 통해 잘 알고 있었습니다. 그녀는 "링컨 대통령이 만약 나의 부모님이 얼마나 오빠를 사랑하는지 알게 된다면 결코 내 오빠를 죽게 내버려 두지 않을 거야"라며 대통령을 만나러 가기로 결심했습니다. 백악관 앞 보초가 그 어린 소녀의 간절한 눈빛을 보자 그녀를 통과시켜 주었습니다. 그리고 대통령 집무실 앞에서 만난 대통령 비서관 또한 눈빛을 보자 보내 줄 수 밖에 없었습니다. 보좌관과 장군들에 둘러 싸여 있던 대통령이 소녀가 들어서자 소원이 무엇인지를 물었고, 소녀는 그녀의 부모님이 그토록 사랑하는 아들의 총살 소식에 얼마나 애통해 하는지를 하나하나 설명했습니다. 소녀의 이야기를 듣고 난 대통령의 가슴은 그 청년을 향한 동정심으로 벅차 올랐습니다. 그는 곧 사람을 보내 총살형을 취소하고 청년에게는 부모님을 만날 수 있도록 조처를 취해 주었습니다. 링컨 대통령이 그 청년 부모님의 자식에 대한 애통한 마음에 마음이 움직였다면 하나님의 아들이 우리의 부서지고 멍든 마음을 받으시고 연민하지 않겠습니까?

술에 절어 사는 남편이 있습니까? 예수님께 그 아픔을 고하십시오. 예수님은 그 남편을 교회, 더 나아가 세상의 축복으로 만들 수 있습니다. 방탕한 아들이 있습니까? 예수님이 그 이야기를 받으시고 위로하시며 싸매고 치료하십니다. 이런 구원자가 우리에게 계신다는 것이 얼마나 큰 축복인지요? 곧 상처 입은 사람들을 치유하기 위해 오신 예수님 말입니다. 나의 설교가 여러분의 마음을 움직이지 못했다면, 본 장의 성경 본문이 여러분 마음을 파고 들어 모든 상처 입은 마음이 그들의 구원자 예수께로 나아갈 수 있기를… 또한 그들이 예수님의 위로하시는 음성을 들을 수 있기를 기원합니다. 그의 위로의 음성은 어머니가 자신의 자녀를 위로 하듯이 여러분의 심령을 만지실 것입니다. 기도 속에 우리의 모든 짐을 내려놓기만 한다면 말입니다.

chapter 05
내가 원하노라

수고하고 무거운 짐 진 자들아 다 내게로 오라 내가 너희를 쉬게 하리라
나는 마음이 온유하고 겸손하니 나의 멍에를 메고 내게 배우라
그리하면 너희 마음이 쉼을 얻으리니 - 마 11:28,29

본문에서는 예수님의 8가지 "내가 원하노라"라는 말씀을 나누고자 합니다. 그 가운데 첫 번째는 마태복음 11:28-29에서 "수고하고 무거운 짐 진 자들아 다 내게로 오라 내가 너희를 쉬게 하리라 나는 마음이 온유하고 겸손하니 나의 멍에를 메고 내게 배우라 그리하면 너희 마음이 쉼을 얻으리니"라는 말씀입니다.

내가 너희를 쉬게 하리라

"안식"을 원치 않는 사람을 나는 일찍이 만나 본 적이 없습니다. 이 세상 사는 사람들은 모두가 "안식"을 얻기 위해 살아 가고 있습니다. 부자가 헛간을 헐어 더 큰 광을 짓고는 말하기를 "또 내가 내

영혼에게 이르되 영혼아 여러 해 쓸 물건을 많이 쌓아 두었으니 평안히 쉬고 먹고 마시고 즐거워하자 하리라 하되"(눅 12:19)라는 성경말씀이 있습니다. 상인들은 돈을 벌기 위해 밤낮으로 일을 해서 휴식을 취할 수 있기를 원합니다. 어떤 사람들은 돈을 벌기 위해 가족과 친구를 떠나기도 합니다. 이도 곧 안식을 얻을 수 있다는 희망 때문이지요. 선원들도 마찬가지입니다. 안식이 시장에서 구할 수 있는 물건 같은 것이라면 아마도 세상에는 그 가격이 아무리 비쌀지라도 기꺼이 지불할 준비가 되어 있는 사람들이 무수히 많을 것입니다. 그러나 "무거운 짐진 자들아 다 내게로 오라 내가 안식을 주리니"라는 말씀에서 말하고 있듯이, 안식이라는 것은 돈으로는 살 수 없지만 하나님의 말씀을 믿음으로써 대가 없이 얻는 것입니다.

사람들이 흔히 하는 약속은 잘 지켜지지 않을 때가 많습니다. 그럴 의도가 없음에도 약속을 할 때도 있고 비록 처음에는 지킬 마음이 있었지만 약속을 지킬 의지가 부족해서 지키지 못할 때도 있습니다. 그러나 하나님은 결코 약속을 어기지도 않고 실수도 하지 않습니다. 지금 우리가 읽은 말씀은 사람의 말이 아닌 하나님 아들의 말씀이므로 신뢰할 수가 있는 것입니다. 이 말씀은 우리 인간이 영혼의 안식을 얻을 수 있는 곳은 단 한 군데 뿐이라는 것입니다. 명심하십시오. 어떤 교리나 신조도 아니요 특정 교회도 아니요 오직 예수님 한 분으로만 안식이 있습니다. "내게로 오라"는 말씀은 개인적인 관계를 맺기를 원하시는 예수께로 오는 것이 우리 영혼의 평화와 안식을 얻을 수 있는 길이라는 뜻입니다.

평화

요한복음 14:27에는 매우 중요한 약속이 기록되어 있습니다. "평화를 너희에게 주노라" 예수님은 우리를 떠나지만 그가 주는 평화는 우리에게 계속 임하리라는 뜻입니다. "내 평화를 너희에게 주노라" 여기서 예수님은 "내 평화"라고 하셨습니다. 사람들은 세상으로부터 평화를 얻으려 하지만 정작 그 평화를 얻었을 때도 진정한 만족은 없습니다. 마귀가 마치 악기를 연주하듯이 우리의 감정을 가지고 놀기 때문입니다. 그러나 예수께로 나아가 평화를 구하면 영혼의 안식을 찾을 수 있습니다. 따라서 우리가 예수님께 나아가기 전에는 마음의 평화를 찾을 수가 없습니다. 우리 마음 속의 평화를 방해하는 요소는 여러 가지가 있습니다. 그러나 하나님으로 말미암은 마음의 평화는 그 무엇도 깨뜨릴 수 없습니다. 예수께서 또 "내가 이것을 너희에게 이름은 내 기쁨이 너희 안에 있어 너희 기쁨을 충만하게 하려 함이라"(요 15:11)라고 말씀하십니다. 우리 안에 있는 기쁨이 아니라 예수 안에 있는 기쁨이라 하셨습니다. 예수님과 개인적인 관계를 맺게 되면 우리의 영혼이 그와 하나가 되고 따라서 그의 안식과 평화 기쁨이 우리 영혼을 차지하게 됩니다. 그런 안식을 깨뜨릴 수 있는 것은 이 세상에 아무것도 없습니다. 그 평화는 강물처럼 우리 안에 흐르게 되고 그 기쁨은 마르지 않습니다.

내가 결코 쫓아 내지 않으리라

다음으로 예수님의 "내가 원하노니"라는 말씀은 요한복음 6:37에 나옵니다. 여러분 중 어떤 사람은 "내가 예수님께 나올 수 있을 만큼 좋은 사람이라면 당연히 그 앞에 나와 안식도 평화도 기쁨도 얻을 수 있을 텐데 말입니다"라고 생각합니다. 그러나 다음 구절은 이렇게 말하고 있습니다. "내게 오는 누구도 내가 결코 쫓아내지 않으리라"

좀더 구체적으로 설명한다면 이와 같습니다. 즉 남자든 여자든 상관없이 당신이 겪고 있는 고통과 근심 또한 슬픔의 종류와도 상관없이, 그리고 당신의 은밀한 죄가 무엇인지도 개의치 않고 오직 당신이 주인이신 그분께 직접 나오면 그는 당신을 결코 내치지 않을 것이라는 말씀입니다.

무척 거칠고 방탕한 삶을 살았던 청년이 우리 모임에 참석한 적이 있습니다. 그는 거의 직장에서 쫓겨나기 직전이었습니다. 그러나 하나님의 영은 그를 꼭 붙들고 있었습니다. 그와 대화를 나누면서 예수님께로 나아오게 하기 위해 나는 이 성경 구절을 읽어 주었습니다. 그가 그 말씀을 완전히 자기에게 주어진 말씀으로 받아들일 수 있도록 최선을 다해 그를 설득했습니다. 마침내 하나님의 빛이 그의 영혼을 비추기 시작했습니다. 그 말씀으로부터 위로를 받기 시작한 것입니다. 나는 그에게 그 말씀을 항상 자신의 가까이에 두도록 당부하고 집으로 돌려 보냈습니다. 그러나 집으로 돌아가던 중 다시 어두움이 그를 사로잡고 말았습니다. 마귀가 그에게 다가가 마음에 의심을 불러일으킨 것입니다. 마귀는 그의 귓전에 대고 속삭이기를 "그 목자가 한 말이 정말 정확한 해석인지 어떻게 아니?" 그는 잠시 망설이다가 그만 예전의 어둠 속으로 다시 빠지고 말았습니다. 그러나 다행히도 그 성경 말씀을 놓치지 말라는 나의 당부를 기억해 내기는 했지만 한동안 마귀의 속삭임과 하나님의 말씀 사이에서 방황하며 안정을 찾지 못했습니다. 그러다가 결심하기를 "그래도 어쨌든 말씀을 붙들기로 해야겠어. 만약 그 사람의 해석이 틀린 것이라면 하나님 앞에 나갔을 때 헬라어나 라틴어를 몰라서 그 말씀이 틀린 것인지 알지 못했노라고 말씀드리면 되지 뭐"

"내게 오는 자는 내가 결코 내쫓지 아니하리라"(요 6:37) 예수께로 나오기만 하면 그가 이 자리에서 바로 당신을 있는 그대로 받으실 것을 목사로서의 나의 권위를 걸고 약속드립니다. 이 세상의 왕과 왕자는 부자나 힘 있는 자 명예가 있거나 현명한 자를 만찬에 초대하지만 예수님은 이땅에 계실 때 죄인 중의 죄인들을 초대하셨습니다. 그래서 사람들은 예수를 향해 "이 사람이 죄인을 영접하고 음식을 같이 먹는다"(눅 15:2) 하지 않았습니까? 하나님의 때에는 술집 주인들 죄인들 창녀들이 바로 하나님 나라를 채울 주역들입니다.

이 사람은 죄인을 받습니다.

런던에서 존 번연과 같은 사람을 받아 줄 사회는 아마 없을 겁니다. 그러나 하나님은 그를 구원하시고 하나님 나라에 두 팔을 활짝 벌려 받아 주셨습니다. 그는 지독한 술주정뱅이로 친구들 뿐만 아니라 부모님 조차 그를 거부했던 사람이었습니다. 하나님은 모든 사람들로부터 거절당하고 소외 당한 사람들을 언제나 받아 주셨습니다. 그의 말씀을 있는 그대로 믿으시고 예수님의 초청장을 지금 받으십시오. "내게 오는 자는 내가 결코 내쫓지 아니하리라"(요 6:37)

그러나 여러분은 먼저 죄를 다 씻고 난 다음 예수께로 나와야 한다고 생각하고 있지 않습니까? 이는 곧 중한 병으로 죽어가는 사람이 "먼저 열이 내리게 한 다음 의사를 불러야겠어"라든가 배가 고파 죽을 지경인데 "우선 배고픔을 달래 놓고 나서 먹어야겠어"라고 말하는 것과 같습니다. 여러분은 여러분의 죄를 스스로 어떻게 할 수 없으므로 구원자가 필요한 것입니다. 내가 배 고프기 때문에 먹어야 하는 것이며 우리가 죄인이어서 예수님이 필요한 것입니다. 우리가 아플 때 의사가 필요한 것처럼 우리에게 예수님이 필요한 것은 그가 우리들의 영혼의 의사이기 때문입니다.

내가 원하노니 깨끗해 질지어다

누가복음 5장에서는 문둥병자가 예수를 찾아오자 주님이 말씀하셨습니다.
"내가 원하노니 깨끗해 질지어다"
그러자 문둥병이 곧 사라졌습니다. 이것이 예수님이 "내가 원하노라" 다음 시리즈입니다. 누구든 문둥병처럼 집요한 죄로 시달리는 사람은 지금 치료의 달인이신 예수께로 나오십시오. 그가 문둥병자에게 하신 것처럼 "내가 원하노니 깨끗해 질지어다"라고 선포하시며 그와 동시에 여러분의 죄는 깨끗이 씻겨질 것입니다. 예수님만이 우리의 죄를 씻어 줄 수 있습니다. "내가 원하노니 깨끗해 질지어다"와 더불어 "내게 오는 자는 내가 결코 내쫓지 아니하리라"(요 6:37)는 주님의 말씀을 기억하십시오.

위트필드는 주님이 영혼을 너무나 갈망하셔서 마귀조차 버린 사람까지도 간절히 찾으신다는 말을 했습니다. 헌팅던 여사는 그의 설교를 비난하며 그런 말은 용납될 수 없다고 단언했습니다. 그러나 얼마 후 타락한 대로 타락해 사회로부터 완전히 고립당한 한 여인이 그의 설교를 들으러 왔습니다. 그리고 그 자리에서 주님 안의 평화를 찾고 하나님 나라에 들어오게 되었던 것입니다. 여기 이 자리에 어찌 할 수 없는 죄로 시달리는 분이 있다면 문둥병자가 예수님께로 왔던 것을 기억하십시오. 율법은 그를 거부했으나 율법보다 상위법인 예수님은 그를 깨끗하게 하셨습니다. "율법은 모세로 말미암아 주어진 것이요 은혜와 진리는 예수 그리스도로 말미암아 온 것이라"(요 1:17)

오늘 놀라운 변화를 경험해 보십시오. 질병대신 건강을 경험하시고, 하나님 보시기에 합당치 않은 모든 것을 잘라 버리는 그런 경험 말입니다. 하나님의 아들이 우리에게 오셔서 말씀하십시다. "내가 너의 문둥병을 모두 제하고 대신 건강을 주리라. 내가 너의 몸과 영혼을 망치는 질병을 없이하고 대신 나의 의를 주마. 내가 구원의 옷을 너에게 입혀 주리라" 정말 멋진 일이지 않습니까? 이것이 바로 예수님의 "내가 원하노라"가 의미하는 것입니다. "내가 원하노라"라는 말씀을 놓치지 마십시오.

"내가 원하노라"라는 고백

이제 마태복음 10장 32절로 가 보겠습니다. "누구든지 사람 앞에서 나를 시인하면 나도 하늘에 계신 내 아버지 앞에서 그를 시인

할 것이요"

구원을 경험한 후에는 "내가 원하노라"라는 주님의 고백을 우리도 하게 됩니다. 어린 양의 피로 씻기운 뒤에는 우리의 입이 열리게 되어 이 어두운 세상을 향해 우리가 아는 예수님을 고백하며 그의 사랑을 알리는 일을 하게 됩니다. 이는 우리가 하나님의 아들을 수치스럽게 여기지 않기 때문이지요.

누구나 의회에서 혹은 여왕 앞이나 궁정에서 자신의 이름이 거론될 만한 업적을 이루게 되면 그보다 더 큰 명예는 없다고 생각합니다. 중국에서는 성공한 장교라면 누구나 자신의 이름이 궁중이나 공자를 모신 사당에 기록 되는 것이 가장 큰 꿈이라고 합니다. 그런데 여러분의 이름이 천국에서 하나님의 아들 평화의 왕자에 의해 거론된다면 어떨까요? 단지 그를 이 땅에서 사람들 앞에 인정함으로써 말입니다. 그를 이 땅에서 인정하면 그가 천국 저편에서 우리를 인정한다는 것입니다. 광명한 빛과 같은 자유를 맛보는 일은 예수 그리스도 편에 서지 않으면 가능한 일이 아닙니다. 많은 크리스천들이 어둠 속에서 뒹굴면서도 천국의 밝은 빛으로 나오지 않는 것을 봅니다. 하나님의 아들인 예수님을 인정하기를 꺼리기 때문이지요. 여러분 친구들이나 심지어는 여러분의 적들에게도 여러분이 하나님 편에 견고히 서 있음을 알리기를 부끄러워 하지 맙시다.

섬기기를 "내가 원하노라"

"내가 원하노라"의 다음 시리즈는 섬김입니다.

많은 크리스천들이 성급하게 말하기를 "예수님 섬기기를 원해요"라고 하지요. 그러나 예수님은 "나를 따르라 내가 너희로 하여금 사람을 낚는 어부로 만들리니"라고 하십니다. 또한 "내가 땅에서 들리면 모든 사람을 내게로 이끌겠노라"(요 12:32)라고 하셨습니다. 우리가 할 일이 있다면 단지 예수님을 높이고 예수님 안에 사는 것입니다. 천사 가브리엘처럼 설교한다 해도 삶이 따르지 않는다면 아무 소용이 없습니다. 그 사람의 화술이 아무리 화려하고 멋지다 해도 그것은 아무 것도 아닌 것입니다. 이 사람 저 사람을 추종하는 것은 아무 소용이 없습니다. 예수님을 오직 예수님만을 따를 때 그가 우리를 사람을 낚는 어부로 만들겠다고 하십니다.

성령 강림절의 베드로

성령 강림절에 베드로가 사람을 낚은 만큼 고기를 잡았던 적이 있었을까요? 베드로가 3천 마리의 고기를 잡았다면 배 안에 있던 그물망이 모두 찢어져 버렸겠지요. 주님이 말씀하시기를 "베드로야 나를 따르라 내가 너를 사람을 낚는 어부로 만들리니" 하셨고 베드로는 그 말씀을 따랐습니다. 우리는 그 말씀의 열매를 성령 강림절에 보게 됩니다.

그런데 왜 많은 사람들은 그 말씀이 삶에서 열매 맺는 것을 보지 못할까요? 사람들은 내게 와서 "우리는 왜 아무 소득이 없는 걸까요? 열심히 일하고 기도하고 설교도 열심히 하는데 성공은 우리와 거리가 먼 것 같으니 말입니다"라고 묻습니다. 그 이유를 말하자면 그들은 그물을 고치느라 대부분의 시간을 보내고 있기 때문입니다. 당연히 아무 것도 잡을 수 없지요.

예비 신자 모임

중요한 것은 예비 신자들을 위한 모임을 가져서 그들을 교회 안으로 불러 들여야 하는 것입니다. 낚시를 던져 놓고 한 번도 그 낚시줄을 거두지 않는 사람이 고기를 잡을 수 있겠습니까? 맨체스터에서 온 목사에게 예비 신자 모임을 소개해 주었습니다. 그는 그 다음 주일 성경 공부시간에 8명의 예비 신자를 맞이할 수 있었습니다. 그 다음 주는 40명이, 그리고 그 해 안에 8백명의 회심자들을 거두어 들이게 되었습니다. 따라서 사람을 낚기를 원하는 여러분!

그냥 그 그물을 잡아 당기십시오.

한 사람이라도 중요합니다. 그 한 사람이 어린 아이일지라도 그 아이가 한 가정을 구원시키기도 합니다. 그 아이가 자라서 마틴 루터처럼 세계를 바꾼 종교 개혁가가 될지 어떻게 알겠습니까? 하나님은 연약한 자를 사용해서 강한 자를 무색하게 하십시다. 하나님의 약속은 영국 은행에서 발행한 수표만큼 확실합니다. 하나님이 약속하기를 "나를 따르면 사람을 낚는 어부로 만들어 주리라" 하십시다. 그 약속을 꼭 붙들고 믿어 그를 따르지 않겠습니까?

예수와 그의 십자가

사람의 마음 속에는 채워지지 않는 공허가 있습니다. 사람을 예수님께로 오게 하려면 그 빈 공간을 채울 수 있는 그 무엇인가가 필요합니다. 상처 받은 세상은 구원자를 필요로 합니다. 그들을 얻으려면 예수님의 삶 뿐만 아니라 십자가의 예수 즉 예수님의 죽음을 알려야 합니다.

요한복음 14:18은 예수님의 "내가 원하노라"를 이렇게 표현하고 있습니다.

"내가 너희를 고아와 같이 버려두지 아니하고 너희에게로 오리라"

예수님이 우리를 이 어두운 땅에 홀로 내버려 두지 않은 것이 얼마나 다행스러운 일인지요. 예수님은 하늘로 가셔서 아버지 하나님 보좌 옆에 계시지만 우리를 떠난 것이 아닙니다. 달리 표현하면 "너희를 고아와 같이 내버려 두지 않으리라" 입니다. 요셉이 감옥에 갇혔을 때도 하나님이 그와 함께 계셨고, 다니엘이 사자 굴에 던져졌을 때도 전능하신 하나님이 그와 함께 하셨습니다. 다니엘은 하나님과 굳게 결속되어 있어서 사자 굴에서 조차 분리될 수 없었던 것입니다.

하나됨

예수님이 우리와 함께 하시면 우리가 못해 낼 것이 없습니다. 따라서 우리는 우리의 연약함에 집착하지 말아야 합니다. 우리의 시선을 우리 자신으로부터 예수님에게로 고정시키고 예수님을 하늘과 땅의 권세를 다 가진 우리의 맏형님으로 받아 들여야 합니다. 예수께서 "내가 이 세상 끝 날까지 너희와 함께 하리라"라고 하십니다. 우리의 친구나 가족은 우리를 결국 떠나갑니다. 하지만 예수님과 그를 믿는 자들에게는 이별이란 있을 수 없습니다. 왜냐하면 예수님 대신으로 우리에게 모든 것을 알려 주시는 성령님이 오셨기 때문입니다. 우리와 함께 거하시는 성령님을 높이고 모셔 들입시다. 그는 눈 먼 자를 보게 하시고 잡힌 자를 풀어 주시며 귀머거리를 치료하셔서 영광스런 복음을 들을 수 있게 하십니다.

부활을 내가 원하노라

요한복음 6:40에서는 "내가 원하노라"라는 구절이 4번 반복됩니다. "마지막 날에 내가 이를 다시 살리리라"

우리에게 죽음을 초월하신 구세주가 있다는 것이 얼마나 큰 행운인지요. 그에게 죽음과 지옥을 열고 닫는 열쇠가 있습니다. 그러니 이를 믿지 못하는 사람들에게는 연민을 금할 길이 없습니다. 그들에게는 부활에의 소망이 없으나 하나님의 자녀는 성경 말씀을 펴서 읽기만 하면 부활의 소망으로 기뻐 뛰게 되는 것입니다. 상점에서 그 가게의 가장 좋은 물건들을 진열대에 진열하듯이 예수님도 자신이 이 땅에서 하실 값진 일 ―인간을 죽음에서 살리시는 일― 세 가지 예를 우리에게 보여 주셨습니다. 야이로의 딸, 과부의 아들 그리고 베다니의 나사로를 살리심으로 우리 안에서 자랄 수 있는 의심을 일시에 날려 버린 것입니다. 부활의 소망이 없다면 이 세상은 얼마나 침울할까요? 비록 자신의 아이를 잃고 땅 속에 묻었다 해도 슬픔은 있으나 소망이 없는 것은 아닙니다. 이 땅에서 함께 하는 아름다운 삶은 더 이상 없다해도 이 다음 천상에서의 또 다른 만남이 기다리고 있는 것입니다.

사랑하는 사람을 잃은 분이 있습니까? "내가 원하노라"라는 말씀에 기뻐하십시오. 예수 안에서 죽은 사람들은 다시 살아나게 되고 어두움은 물러가며 부활의 찬란한 아침 해살이 곧 밝아 올 것입니다. 부활의 시간은 멀지 않았으며 곧 이루리라 하신 이가 말씀하기를 "마지막 날에 그를 일으키리라" 하셨습니다. 지극히 귀한 약속이요 귀한 말씀 "내가 원하노라"가 아닙니까?

영광을 내가 원하노라

여덟 번째 "내가 원하노라"는 요한복음 17장 24절에 "아버지여 내게 주신 자도 나 있는 곳에 나와 함께 있어"에서 찾아 볼 수 있습니다.
"영광을 내가 원하노라"
이 말씀은 갈보리에서 못 박혀 돌아가시기 전날 밤 예수님의 기도였습니다. 지금 이 책을 읽고 계신 분 중에 우리의 왕이신 예수님과 언젠가는 함께 있을 것이라는 생각에 얼굴이 환해지는 분이 계십니다. 그렇습니다. 우리 앞에는 영광스런 미래가 기다리고 있습니다. 어떤 분은 우리가 회심을 경험한 날로부터 모든 것이 우리에게 주어졌다고 생각합니다. 그러나 보다 정확한 표현은 과거에 구원을 얻었고 그 결과 현재의 평화가 있으며 앞으로 하나님의 영광을 보게 될 것이라는 것입니다. 이런 믿음이 바울로 하여금 기뻐 뛰게 한 것입니다. 그는 "이런 작은 고난들 매질 내게 던지는 돌팔매질은 예수님과 함께 할 앞으로의 영광에 비하면 아무 것도 아닙니다"라고 했습니다. 따라서 세상 일이 자꾸만 어긋날 때 우리 더욱 기운을 냅시다. 어둔 밤은 지나가게 마련이고 새벽은 곧 다가올 테니 말입니다.

죽음은 결코 오지 않으리

죽음은 하나님 나라에서 추방 당했습니다. 질병, 고통; 슬픔은 앞으로 우리의 주인되시는 예수님과 함께 할 찬란하고 영광스러운 집을 파괴하기 위해 우리에게 찾아 온 것이 아닙니다. 그 영광스러운 미래, 찬란한 날들은 우리가 생각하는 것보다 훨씬 더 멀지 않은 미래일지도 모릅니다. 이 어둠의 땅에 있는 그 짧은 기간 동안 앞으로의 밝은 세상에서 왕 중의 왕 우리 예수님과 함께 지낼 날들을 기다리며 우리가 서 있는 자리에서 견고하게 살아갑시다.

죄인들을 내가 원하노라

마지막 예수님의 원하시는 것은 죄인들을 원하신다는 것입니다. 지금까지 우리는 예수님이 안식을 주기 원하시며, 그에게 오는 모든 사람들 심지어 가장 극악한 죄인도 받으시기를 원하시며, 우리를 깨끗하게 하기를 또한 원하시며, 우리의 주소가 예수님 안인 것을 알기를 원하시며, 또한 우리가 영혼을 구하는 일을 할 수 있게 하시며, 위로하기를 원하시며, 마지막 날 우리를 죽음에서 일으키기를 원하시며, 우리가 그의 영광과 함께 거하기를 원하신다는 것을 알았습니다. 이제 스스로 죄인된 것을 아는 자는 다음과 같이 고백하기를 원합니다.

"일어나서 아버지께로 가리라"
여러분 중에 이같이 고백하고 돌아온 탕자처럼 하나님께 돌아올

분이 계십니까? 스펄전 목사님이 그의 설교에서 청중들이 스스로 극복했다고 여기는 몇가지 유형들을 소개한 적이 있습니다. 어떤 사람은 당신을 위해 울면서 기도하고 집으로 찾아와 설득하려 했던 주일 학교 선생님을 극복해 낸 적이 있을 것이며, 혹은 부모님의 눈물 젖은 기도를 혹은 목사님의 기도를 극복해 내기도 했을 터입니다. 그 목사님의 설교가 당신을 감동시킬 때도 있었겠지만 이제는 더 이상 아무런 감흥도 일어나지 않습니다. 목사님을 극복해 낸 것입니다. 교회에서 여는 특별 모임도 참석해 보았지만 아무런 감동도 없고 마음은 움직이지 않습니다. 그럼에도 이들은 성공적으로 살고 있다고 생각합니다. 그러나 기실은 그 모든 것을 극복한 것이 아니라 오히려 자신의 굳어진 마음 속에 갇히고 가로 막혀서 아무것도 극복해 내지 못하고 있다는 것을 모르고 있다는 것입니다. 여러분 "오늘 내가 일어서리라"하고 외치십시오. 오늘 하나님께 돌아 온 당신으로 인해 천국에서는 기쁨의 향연이 벌어질 것입니다.

난 갈 바를 알지 못하나 이젠 알았네
이 땅에서는 나를 치유할 자가 없다는 걸
이제 즉시 일어나 걸어 가리라
예님이 나를 위해 돌아 가셨으니

chapter 06
모세의 기도
-시편 제 91편을 중심으로-

시편 91편이 쓰여진 것은 아마도 이스라엘 백성에게 재앙이 내린 후 모세에 의해서 쓰여진 것이라고 생각됩니다. 또는 애굽에서 궁전으로부터 오막살이에 이르기까지 첫 아기를 학살하던 그 처참한 죽음의 밤 이후에 쓰여졌을 지도 모르며, 혹은 광야의 불같은 독사와 무서운 질병으로 사람들이 공포가 가득하여 신경이 날카로왔던 때 이후에 쓰여진 것인지도 모릅니다.

무서운 회오리바람이 있는 미국 서부 주에서는 늙은이나 젊은이나 구름이 솟아오르는 것을 보기만 하면 언제나 모두들 신경질을 내며 경계를 합니다. 저는 얼마 전에 아이오아(Iowa)주에서 일곱 개의 회오리바람이 하나씩 하나씩 차례로 일어났던 일이 있은 후 거기에 간 적이 있습니다. 이 회오리바람들은 제가 가 있던 도시

온 주위에 일어났으며 폭풍우가 일고 검은 구름이 모이기 시작하면 온 도시는 그저 떨고만 있었습니다.

아마도 모세는 아론과 미리암과 여호수아와 다른 몇 사람들을 자기 장막으로 불러들여서 이 시편을 처음으로 그들에게 읽어 주었을 것입니다. 얼마나 감격하였겠으며 얼마나 기이하게 들렸겠습니까? 저는 모세가 "너희들은 그것이 그들을 도울 수 있으리라고 생각 하느냐? 그것이 그들을 잠잠케 할 것이냐?"라고 묻는 것을 상상할 수 있습니다. 또한 시내산 한 산봉우리에서 이른 새벽에 이 시편은 읽혀졌을 것이라고 상상할 수 있습니다. 이것은 얼마나 그들을 위로하였으며 얼마나 그들을 도왔으며 얼마나 그들에게 힘을 주었겠습니까!

여러분은 마지막 두 절에서 일곱 번 "내가 하겠노라"하고 하나님이 모세에게 당신께서 하시겠다고 하신 일곱가지 일이 적혀 있는 것을 보실 것입니다. 만약 이것들이 우리들 마음속에 다 들어 올 수만 있다면 이것들은 일생을 통하여 우리들에게 도움이 될 것입니다. 하나님이 어떤 일을 하시겠다고 말씀하실 때에는 당신께서 하시겠다고 약속하시고 약속하신 일을 하시게 하는 것입니다.

내가 구하겠노라

첫째는 "내가 구하겠노라"입니다. 하나님이 모세를 부르시고 애굽으로 가서 이스라엘 백성들을 애굽 사람들의 손으로부터 구하라고 말씀하셨을 때, 인간의 판단으로 볼 때는 이 세상에는 모세보다 못한 사람은 한 명도 없었습니다. 모세는 이전에 한 때 이스라엘 백성 한 명을 구하려고 시도해 본 적이 있었으며 그는 한 사람을 구하는 것으로부터 시작한 것이었습니다. 모세는 이 시도에 실패하였으며 한 애굽사람을 죽이고 광야로 도망을 가 거기서 40년을 머무르지 않으면 안되게 되었습니다. 모세는 그 히브리 사람을 자기 힘으로 구하려고 하였으며 자기 육신의 힘으로 해결하려 하였습니다. 모세는 모든 애굽 사람들의 지혜를 소유하고 있었습니다. 그러나 그것은 아무런 소용이 없었습니다. 모세는 호렙(Horeb)으로 이끌려가서 그가 하나님의 능력으로 이스라엘의 백성들을 구출할 수 있도록 하나님이 그를 신용할 수 있을 때까지 그곳 하나님의 학교에 머무르지 않으면 안되었습니다. 그러자 하나님이 모세에게 말씀하셨습니다. "내가 구하러 왔노라" 그리고 하나님이 모세를 통하여 역사하셨을 때에 200만명의 생명을 제가 마치 제 손을 뒤집는 것처럼 쉽사리 구출하셨습니다. 하나님은 그것을 하실 수 있었습니다. 하나님이 등장하셨을 때에는 하등의 곤란한 일도 없었습니다. 교훈을 배우십시오. 만약 우리들이 모든 내부 또는 외부의 적으로부터 구원되어지기를 원하면 우리는 우리들 자신보다 더 높은 근원을 바라보지 않으면 안 됩니다. 우리들은 우리 자신의 힘으로는 해결 할 수 없는 것입니다.

우리들은 모두 자신의 성격 안에 어떤 약점을 가지고 있습니다. 우리들이 앞으로 나아가려고 하면 이 약점은 우리들을 뒤로 잡아당깁니다. 그리고 우리들이 보다 더 고상하고 유익한 면이나 또는 천국의 분위기로 향상하고자 하면 어떤 무엇인가가 우리들을 끌어내립니다. 이제 저는 하나님이 우리들을 피 뒤에 숨기시고 우리를 구원하신 후에 우리들을 애굽의 옛 엄한 주인 아래 있도록 내버려 두시리라는 생각에는 조금도 동의할 수 없습니다. 저는 하나님께서 우리들을 애굽에서 데리고 나와 약속한 땅으로 이끌어 주시는 것을 믿습니다. 그리고 모든 하나님의 백성들은 모든 적과 저지르기 쉬운 죄로부터 구원받을 특권이 있습니다. 만약 당신을 구속하고 있는 어떤 죄가 있다고 할 것 같으면 정말 당신은 유익되지 못할 것입니다.

당신이 극기 할 수 없을 때에는 진실로 하나님의 명예와 영광 앞에 열매를 맺을 수 없습니다. "자기의 영혼을 지배하는 자는 성을 취한 사람보다 낫다" 만약 우리들이 질투와 시기와 자기 추구와 식욕과 세상의 환락을 이기지 못하였다면, 만약 우리들이 이 모든 것들로부터 구출되지 못하였다면 우리들은 하나님과 더불어서, 또는 사람과 더불어서나 아무 힘도 갖지 못하게 되며, 우리들이 모든 죄악에서 구원되었을 때 유익된 만큼 유익되지 못하게 될 것입니다. 내부나 혹은 외부에 있는 그 어떤 악이라도 만약 우리들이 하나님께 맡기기만 한다면 하나님께서 우리들을 구원할 수 있을 따름입니다. 이것이 하나님이 원하시는 바입니다. 하나님께서 모세에게 말씀하신대로 "내가 구원하러 왔노라"입니다. 하나님께서 200만명의 종들을 이 땅위에서 가장 강대한 군주의 손으로부터도 구원해 내실 수 있었을진대, 여러분들은 하나님이 우리들을 저지르기 쉬운 모든 죄들로부터 구원하여 주실 수 있으리라고 생각하지 않으십니까? 그리고 또 우리들에게 우리들 자신과 우리들의 노기와 우리들의 성벽과 우리들의 성급한 기질과 우리들의 심술궂은 성질과 발끈하는 성질을 완전히 이길 수 있는 힘을 주시리라고 생각하지 않습니까? 우리가 만약 이것을 원하고 다른 모든 것보다도 더 요구한다면 우리는 승리를 얻을 수 있습니다. 사람들은 이런 적은 것들은(우리가 그렇게 부르는) 우리들이 책임질 수 없는 약점들이며 또 그것들은 불운인 것이며, 우리들은 그것들을 유전 받았다고 생각하기 쉽습니다. 저는 사람들이 자기들의 기질에 대해서 말하는 것을 들은 적이 있습니다. 그들은 이렇게 말합니다. "아! 저는 이 기질을 저의 아버지와 어머니로부터 물려 받았습니다. 그들은 화를 잘내는 성질이었지요. 그래서 제가 그 성격을 부모들로부터 받았어요"

자! 그런데 나의 친구들이여! 이것은 서투르게 숨는 방법입니다. 우리들은 이러한 모든 것으로부터 은혜에 의하여 구원을 받아야 합니다.

얼마 전에 어떤 부인이 저에게 와서 말하기를 그녀는 그의 성격 때문에 대단히 괴로워하고 있다면서, 그녀는 5년전보다 더 성미가 급해졌는데 혹시 제가 그것을 옳지 않은 것이라고 생각하는지 그녀가 알기 원하였습니다. 저는 이렇게 말하였습니다.

"저는 당신이 퇴보하고 있다고 생각하고 싶습니다. 만약 당신이 지금 5년전보다도 자기 자신을 더 잘 억제하지 못하신다고 하면 근본적으로 옳지 않습니다."

"네, 그런데요." 그는 대답하였습니다.

"저는 그것을 어떻게 고칠 수 있는지를 알고 싶습니다. 저에게 그 방법을 말씀해 주실 수 있습니까?"

"네, 가르쳐 드릴 수 있습니다."

"어떻게요?"

저는 이렇게 말하였습니다.

"당신이 다른 사람에게 화를 내서 그들에게 좋지 않은 말을 했을 때는 당신이 잘못 되었다고 결심을 하고는 곧 그들에게 가서 당신이 죄를 지었다고 말하고 당신을 용서해 달라고 청하십시오"

물론 그 부인은 그렇게 하지는 않을 것입니다. 그러나 그가 그것을 죄로 취급하기 전에는 결코 승리하지는 못할 것입니다. 이것을 약점이라든가 또는 불행으로 보지 마십시오. 그러나 죄로 보아야 합니다. 하나님의 자녀는 누구나 자기의 성질을 억제하고 이것을 죄라고 고백하지 않아서는 안됩니다.

어떤 부인이 얼마전에 저에게 와서 말하기를 그는 과장하는 습관이 너무 많아서 사람들이 자기를 거짓말쟁이라고 비난한다 하였습니다. 그 부인은 이 습관을 제거할 수 없는지를 알기 원했습니다.

"물론 할 수 있습니다."라고 저는 말했습니다.

"어떻게요?"

"다음에 당신이 또 내가 과장했다고 자각하시면 곧 파티에 가셔서 모든 사람에게 거짓말을 했다고 말하십시오"

"오, 저는 그것을 거짓말이라고 부르고 싶지는 않습니다."

물론 그렇게 하고 싶지는 않을 것입니다. 그러나 거짓말은 어디까지나 거짓말입니다. 그리고 여러분은 이런 것들을 죄로 보고 여러분의 성격에서 제거하지 않는 한 이런 죄들을 결코 이겨내지는 못하실 것입니다. 만약 여러분들이 하나님의 빛 가운데서 빛나고 유익하게 되시기를 원하신다면 여러분은 죄를 이기시고 구원을 받으셔야만 합니다. 그리고 이것이 바로 하나님이 하시겠노라 말씀하신 것입니다. 즉 "내가 구하겠노라"입니다.

내가 응답하겠노라

이제 다음절의 "내가 하겠노라"는 "그가 내게 간구한즉 내가 응답하리라"입니다. 우리들은 모두 간구할 수 있는 기회가 있습니다. 하늘과 땅을 만드신 위대한 하나님은 "네가 그의 간구함에 응답하리라"하고 약속하셨습니다. 만약에 여러분들이 모든 죄와 악에서 구원함을 받고 승리하기 위하여 하나님께 간구하면 하나님은 여러분의 간구함에 틀림없이 귀를 기울이실 것입니다. 저는 여러분의 과거가 아무리 문제가 있었어도 상관이 없다고 생각합니다. 여러분의 과거의 기록이 어떤 것이라도 상관이 없습니다. 여러분이 아무리 불복종하였더라도 상관이 없습니다. 여러분이 아무리 타락하였거나 방탕하였더라도 상관이 없습니다. 여러분들이 진정으로 돌아오시기를 원하시다면 하나님은 여러분의 즐거워하고자 하는 마음을 받아 들이시며 여러분의 기도를 들으시고 응답하실 것입니다.

탕자의 말을 들어 보십시오. "아버지여 제가 죄를 지었나이다" 이 한 마디로 충분하였습니다. 그 아버지는 아들을 자기 품속에 바로 받아 들였습니다. 그의 과거는 즉석에서 도말(塗抹)되어 버렸습니다. 오순절날에 다락방에 있던 사람들을 보십시오. 그들의 손에는 하나님 아들의 피가 뚝뚝 떨어지고 있었습니다. 그들은 예수 그리스도를 죽였던 것입니다. 그리고 베드로는 그들에게 무어라고 말했습니까. "누구든지 주님의 이름으로 구하는 자는 구원을 얻게 되리라" 회개하는 도둑을 보십시오. 그가 어린 소년이었을 때 그의 어머니는 그에게 "요엘"에 있는 똑같은 구절을 가르쳐 주었을는지도 모릅니다. "누구든지 주님의 이름으로 구하는 자는 구원을 얻게 되리라" 그가 십자가에 매달렸을 때 그는 영광의 주님이라는 것이 그의 마음속에 번개같이 스치고 지나갔습니다. 그래서 그는 지옥에 들어서는 경계선에 있었지만 소리쳤습니다. "주여 나를 기억하소서" 그리고 대답을 바로 그 자리에서 받았습니다. "오늘 너는 나와 같이 낙원에 있으리라" 아침에는 도둑들과 사귀시었고 저녁에는 천국의 결백한 자들과 사귀시었습니다. 아침에는 욕을 받으시고 — 마태와 마가는 다 이 두 도둑들이 욕을 하였다고 기록하였습니다. — 저녁에는 높이 올라가시어 천국의 사람이 되시었습니다. 아침에는 지옥같이 어두웠고 저녁에는 티끌 하나없이 주름살 하나 없이 환하게 되시었습니다. 어째서 그럴까요? 예수님은 하나님의 말씀을 그대로 믿으신 까닭입니다.

나의 사랑하는 형제들이여! 만약 여러분이 아직 구원을 받지 못하였으면 여러분은 그저 하나님께 구하십시오. 여기 약속이 있습니다. "내가 그의 간구함에 응답하겠노라"

수년 전에 귀국한 어떤 늙은 선교사 한 사람이 외과 수술을 받기 위해서 어느 유명한 병원으로 갔습니다. 그는 혹시 수술중에 죽을지도 모른다고 생각했습니다. 그래서 그는 그의 친지들에게 작별 인사를 하였고 떠나는 축복을 하였습니다. 그는 대단히 믿음이 깊은 사람이었습니다. 그리고 의사가 "자, 준비가 되었습니다" 하고 말하였을 때 그는 그들을 조용히 바라보면서 말했습니다. "잠깐만 기다려 주십시오" 그리고 그는 기도 하면서 소리를 높였습니다. "이제 저는 잠자러 눕습니다. 저는 주님이 저의 영혼을 지켜 주시기를 기도합니다. 만약 제가 깨기 전에 세상을 떠나게 되면 주님이 저의 영혼을 받아 주시기를 기도합니다." 그리고 나서 그는 눈을 뜨고 말했습니다. "의사 선생님 저도 준비가 되었습니다." 그리고 수술을 받았고 수술을 받고는 건강하게 되었습니다. 사랑하는 친구들이여, 기도를 할 수 있다는 것은 고귀한 특권입니다. 하늘 나라와 접할 수 있다는 것, 또 하늘과 땅을 창조하신 하나님과 교통할 수 있다는 것은 고귀한 특권입니다. "내가 그의 간구함을 응답하겠노라" 하셨습니다.

저는 여러분들 중에서 이에 대해서 아멘이라고 말하지 못할 기독교인은 한 사람도 없을 줄 압니다. 여러분은 하나님이 과거에 응답하셨다고 말할 수 있으며 또 여러분은 하나님이 그렇게 하시리라고 믿을 수 있습니다. 어떤 사람은 간구하지 못하겠다고 말하는 분도 있습니다. 아마도 어떤 분은 하나님께서 또 그렇게 하시리라고 믿을 것입니다.

간구하지 못하겠다고 말하는 분들은 아마도 유창한 기도를 할 수 없을 것입니다. ― 저는 여러분이 할 줄 모르시기를 바랍니다만 ― 저는 제가 듣고자 하는 모든 기도를 들었습니다. 여러분은 "하나님이시여, 저에게 자비를 베푸소서 저는 죄인이로소이다"라고 말할 수는 있을 줄 압니다. 단순하고 진실하게 되십시오. 그러면 하나님이 여러분의 외침을 들으실 것입니다. 자, 들어보십시오. 세상에는 허위의 울음도 있습니다. 어머니들은 자신의 아이들이 울 때 진정한 울음인가 억지의 울음인가를 알 수 있습니다. 어린 아이들을 정말로 절실한 울음을 울게 해 보십시오. 그러면 어머니는 모든 것을 다 제쳐 놓고 자기 아이에게로 뛰어 갈 것입니다. 저는 40년 동안 목회를 하면서 어떤 사람도 자기의 영혼을 구하기 위하여 진실하였던 사람을 하나님이 실망케 하신 일을 본 적이 없습니다.

저는 진실한 체 하는 사람들을 많이 알고 있습니다만 그들의 기도는 결코 응답되지 못할 것입니다.

그가 환란당 할 때에 내가 그와 함께 하리라

모든 사람들은 그 자신의 고난을 다 알고 있습니다. 만약 여러분들이 말씀 하실 수 있는 모든 고통을 한 권의 다 쓸 수 있다면 그 책은 결코 여러분들이 결코 본 적이 없는 가장 큰 책이 될 것입니다. 젊은 사람들은 아무 고통도 없는 듯이 생각하기 쉽습니다. 만약 그들이 아무 고통도 없다면 한 가지 꼭 확실하게 알아야 할 것이 있습니다. 그것은 그들이 그 후에 고통을 받으리라는 것입니다. 사람은 필연적으로 고생하러 난 것입니다. 고통은 오는 것입니다. 아무도 면제 당할 사람은 없습니다. 하나님은 죄 없는 아들을 한 명만 만드셨습니다. 그러나 근심 없는 아들은 한명도 만들지 않으셨습니다. 우리들의 주님 예수 그리스도는 아무도 맛보지 못한 끔직한 고통을 받으셨으며 대단히 젊어서 세상을 떠나셨습니다. 저희들의 것은 슬픔과 고통의 길입니다. 그래서 주님이 "내가 너희들이 환란을 당할 때 함께 하리라"하고 말씀하신 것을 듣는 것은 참으로 반가운 일입니다.

아무도 주님 없이 성공할 수 있다는 생각을 잠깐이라도 하게 하지 마십시오. 여러분은 '나는 성공할 수 있다. 나는 건강상태가 좋으며 번창하고 있습니다' 라고 말을 할 수 있습니다. 그러나 여러분이 주님을 필요로 하게 될 때가 올 것입니다. 많은 기독교 신자들은 이 점에 대해서 증거할 수 있었습니다. 즉 주님이 그들의 외침을 들으시고 그들의 기도를 응답하시고 그들에게 화평을 주신 것입니다. 그들의 슬픔 속에 기쁨이 있었으며 아주 캄캄한 밤에도 비치는 별이 있었습니다.

저는 기선 스프리호(Spree)에 탔던 일을 기억 합니다. 대양 한 복판에서 선축은 부러지고 선저에는 구멍이 뚫리고 배 뒷부분이 물에 잠겨서 기울어졌습니다. 저희 온가족은 한 사람만 빼놓고 전부 노스필드(Northfield)에 있었으며, 저는 유럽에 있는 친구들을 작별하고 집으로 돌아오는 길이었습니다. 대양 한 복판에서 말하자면 그 때는 인간적인 판단으로는 1%의 희망도 없이 약 48시간 동안 저는 절망 속에 있었습니다. 48시간 동안의 고통은 실로 대단하였습니다. 제 가슴은 마치 납덩어리와도 같았습니다.

그 사고는 일요일 아침에 발생하였습니다. 일요일 오후에 저희들은 마치 이것은 하늘로부터 내려진 안식인양 그 이상 어느 것도 필요로 하지 않았습니다. 저는 저의 선실로 가서 무릎을 꿇고 주님께 외쳤습니다.

"지금은 고난의 시간입니다. 나를 도우소서."

하나님은 짐을 거두어 주셨습니다. 짐이 없어지고 저는 잠이 들었습니다. 저는 그날 저녁같이 잠을 곤히 잘잔 적은 없습니다. 만약 폭풍이 그 주간에 저희들을 덮쳤더라면 저희들은 물에 빠졌을 것입니다. 그러나 하나님이 고난의 시간에 저희들과 같이 하사 무거운 짐을 걷어 주셨습니다.

대단히 많은 사람들은 자기네들의 고통에 향수를 뿌리듯이 보입니다. 저는 언제든지 이런 사람들이 가까이 오면 달아나고 싶어집니다. 그들은 그들의 늙은 미이라를 가지고 와서는 여러분께 슬픈 목소리로 말을 합니다.

"당신은 제가 가지고 있는 고통을 모르실 것입니다."

나의 형제들이여, 만약 여러분이 주님께 여러분의 고통을 가져 가시면 주님은 그것을 치워 주실 것입니다. 여러분은 하나님과 같이 하지 않고 고통을 지니기 보다는 오히려 주님과 같이하여 여러분들의 고통을 다 제거하려 하시지 않겠습니까? 고통이 만약 우리들을 하나님께 더 가까이 몰아줄 수 있다면 고통은 와도 좋습니다.

고통의 시기에 쉴 곳을 가질 수 있다는 것은 대단히 위대한 일입니다. 사람들이 성경 없이 하루하루를 어떻게 지내는지 참으로 알 수 없는 신기한 일입니다. 제가 만약 이같은 피난처와 이같은 때에 가서 저의 가정을 하나님께 터 놓고 간구할 수 없었더라면 저는 어떻게 했을지 모릅니다. 저는 마치 제 정신이 나간 것 같았을 것입니다. 그러나 우리들은 마음에 무거운 짐이 있을 때 주님께 가서 이것을 쏟아 놓을 수 있으며, 그리하면 우리는 "내가 그와 함께 하겠노라"라는 대답을 받을 수 있으며, 그 속에는 평안이 있습니다.

저는 구약성경에 대해서 감사합니다. 그리고 저는 이 옛 약속에 대해서 감사합니다. 이것은 전에도 귀중하고 생생하였던 것과 같이 지금도 귀중하고 생생합니다. 우리는 이 모든 약속이 하나도 옛 것에 속하는 것이 아니고 또는 침체된 것이 아님을 감사합니다. 이 약속들은 전과 같이 신선하며 강건하며 젊고 귀중합니다.

내가 그를 영화롭게 하리라.

"내가 그를 영화롭게 하리라" 하나님의 영예는 추구할 가치가 있는 것입니다. 사람의 영예와는 감히 평가할 것이 못됩니다.

가령 모세가 애굽에 머물러 있었다고 가정하십시오. 그는 아마도 애굽의 고위 소명을 잔뜩 지니고 있었을 것입니다. 그러나 우리들에게는 결코 알려지지 않았을 것입니다. 가령 그가 전 애굽군의 원수 즉 모세 장군, 또는 모세 사령관이었다고 가정해 보십시오. 또 그가 왕위를 획득하여 고대 애굽 왕의 한 사람이었으며 그의 미이라가 현대까지 전하여 졌다고 상상하여 보십시오. 그것은 하나님이 모세에 주신 영예와 비교해 볼 때 무엇이겠습니까.

"내가 그를 영화롭게 하리라" 하나님이 모세에게 영예를 주시지 않으셨습니까.

얼마나 모세의 이름이 역사에 빛나고 있습니까! 세상의 영예는 오래동안 지속되지 못하며 임시적인 것이요 지나가 버리는 것입니다. 그리고 누구라도 여자나 세속적인 승진이나 명예 그리고 평판을 추구하는데 우선이라면 하나님께 대한 봉사를 하기에 합당치 않다고 믿습니다. 우리들은 이런 것을 발아래 둡시다. 이것보다 높이 오릅시다. 그리고 위에서 내려오는 영예를 구합시다.

내가 그를 장수케 하므로 만족케 하리라

"내가 그를 장수케 하므로 만족케 하리라." 저는 이 약속에서 대단히 많은 평안함을 얻습니다. 저는 이것이 이 세상의 짤막한 인생 70년, 80년, 90년, 혹은 100년을 의미한다고 생각지 않습니다. 세상의 어떤 사람이라도 만약 그들이 100세까지 살았다 하여 죽음의 순간에 만족하리라고는 생각하지 않습니다. 전혀 만족하지 않을 것입니다. 가령 아담이 오늘날까지 살아 왔고 오늘 밤에는 죽어야 한다면 그가 만족해 하겠습니까? 조금도 그렇지 않을 것입니다! 비록 그가 백만년을 살고 죽는다 하더라도 만족치 못할 것입니다.

우리들은 항상 세상에서 일의 마지막에 부딪히는 사실을 여러분들이 잘 알고 계실 것입니다. 즉 주말, 월말, 학기말, 년말 등입니다. 항상 무슨 끝 등등입니다. 그러나 하나님은 고맙게도 우리들을 장수케 하심으로 저희들을 만족케 하려 하십니다. 생명의 끝이 없습니다. 즉 영생입니다.

인생은 귀중 합니다. 저는 전혀 죽음을 좋아하지 않았습니다. 만약 죽음이 영원하고, 우리들의 사랑하는 사람들이 죽어서 영원히 헤어질 수 밖에 없다면 아마도 세상은 대단히 어둠 캄캄한 것일 것입니다. 그러나 하나님 감사합니다. 사실은 그렇지 않습니다. 우리들은 다시(하늘에서) 만나게 될 것입니다. 이것은 마치 이 집에서 더 좋은 집으로 이사하는 것과 같습니다. 더 높은 곳으로 발걸음을 옮기고, 영원히 계속해서 계속 살아가는 것입니다. 어쩌면 여러분이 전혀 알아보시지 못하였을지 모릅니다만 얼마전에 저에게 대단히 통쾌하게 느껴진 성경구절이 있습니다. 시편 21편 4절입니다. "저가 생명을 구하매 주께서 주셨으니 곧 영영한 장수로소이다." 생각해 보십시오. 영원무궁한 장수입니다.

여러분은 지금도 모세가 죽었다고 생각하십니까? 그는 결코 오늘날 사는 것같이 살지는 않았습니다. 그러나 모세는 영원히 계속해서 살 것입니다.

그리스도는 "만약 사람이 내말을 지키면 결코 죽음을 맛보지 않으리라"라고 말씀하십니다.

결코 맛보지 못할 것입니다.

당신은 영원히 살기 원하지 않습니까. 여러분이 원하시면 영생할 수 있습니다. 영생은 여러분과 제가 우리들 가슴 속에 마셔들이는 공기와 같이 무료입니다. "진실로 진실로 너희에게 이르노니 내 말을 듣고 또 나 보내신 이를 믿는 자는 영생을 얻었고 심판에 이르지 아니하나니 사망에서 생명으로 옮겼느니라" 그렇습니다. "내가 그를 장수케 함으로 만족케 하리라."

이곳에 영생을 얻지 못한 사람이 있습니다. 저는 이곳을 그저 지나가려 하지 않습니다. 나의 친구들이여, 만약 여러분이 하늘나라 안에 있지 않으면, 여러분이 영생을 얻을 때까지 먹지도 마시지도 자지도 마십시오. 어쩌면 이 육체가 불리움을 당할는지 모릅니다. 그러나 설사 그렇다 하더라도 여러분은 죽음으로부터 얻은 바가 있을 것입니다. "장막과 같은 우리들의 땅위의 집이 무너지더라도 우리는 하나님의 집을 가지고 있으니 이는 손으로 만든 집이 아니라 하늘의 영원한 집이로다."

제가 젊었을 때 한번은 시카고시에서 장례설교를 갑자기 부탁받은 일이 있습니다. 그 장례식장에는 시카고시에 있는 여러 명의 실업가가 오게 되어 있었는데 저는 마음 속으로 이렇게 생각했습니다.

"오라, 이것은 내가 이 사람들에게 복음을 전할 수 있는 좋은 기회로구나. 그리스도의 장례설교를 찾아 봐야겠다."

저는 그리스도의 장례 설교를 찾아보려고 4복음서를 전부 뒤져 보았습니다. 하지만 한 군데도 찾을 수 없었습니다. 저는 그리스도가 참례하였던 장례는 모두 깨쳐 버린 것을 발견 하였습니다. 그리스도는 세상에서 전혀 장례설교를 하신 적이 없습니다. 그리스도가 계신 곳에 죽음은 존재할 수 없었습니다. 죽은 자가 그리스도의 목소리를 들었을 때 모두 살아났습니다. 그리스도가 다스리려 오실 때는 이 장례사업을 다 깨쳐 버릴 것입니다. "나는 부활이요 생명이요 나를 믿는자는 죽어도 살리라."

시편 23편은 성경전체에 걸쳐 어느 곳보다도 잘못 인용되고 있습니다. 이 시편은 천주교회에도 알려져 있고, 희랍교회에도 알려져 있으며, 유대교회당에도 알려져 있으며 대단히 많은 종파에서 사람들이 죽은자를 장사하며 노래 부릅니다. 또 군인들이 시편 23편을 읊으며 전장으로 나갔습니다. 그렇지만 아직 저는 이 시편이 성경에서 다른 어느 곳보다도 잘못 인용되었는 줄 믿습니다. 사람들은 이 시편을 그네들의 기도나 회화나 또는 기도회에 엮어 넣습니다. 그리고 이렇게 말합니다. "실로 내가 캄캄한 골짜기를 거닐지라도" 그들은 항상 '캄캄한'이라는 말을 강조합니다. 그리고 몸에 찬물을 끼얹듯 오싹한 느낌을 줍니다. "실로 내가 캄캄한 죽음의 그림자의 골짜기로 거닐지라도" 나의 사랑하는 친구 여러분, 저는 그 곳에 '캄캄하다'는 말은 전혀 없다고 말하고 싶습니다. 믿는 자를 혼란케하게 위하여 마귀가 붙어 있는 것입니다. 그것은 "실로 내가 죽음의 그림자의 골짜기를 거닐지라도"입니다.

차이가 무엇입니까?

그림자가 있는 곳에는 빛이 있어야 하지 않겠습니까! 빛 없이 그림자를 얻을 수 있습니까!

만약 여러분이 이것을 의심하시면 오늘밤에 지하실에 불없이 내려가 보십시오. 그리고 그림자를 찾을 수 있는지 알아 보십시오. 죽음이 진실한 신자에게 다 할 수 있는 것은 그의 앞길에 그림자를 던지는 것 뿐입니다. 그림자는 아무도 해하지 않습니다. 여러분은 여러분이 안개 속을 걸어갈 수 있는 것과 마찬가지로 그림자 속을 바로 지나서 걸어갈 수 있으며 아무 것도 두려울 것이 없습니다. 저는 죽음의 사슬 밑에 사는 남자나 여자에게 마음 속으로 깊이 동정을 합니다. 여러분도 만약 죽음의 사슬 밑에 계시다면 하나님이여 여러분을 오늘 꺼내 주실지어다! 여러분, 바로 걸어 나와서 하나님의 아들의 축복된 복음의 자유속으로 들어오십시오.

예수 그리스도는 죽음을 멸하러 세상에 오셨습니다. 그래서 우리는 원하기만 하면 바울과 더불어 "오- 죽음이여 너의 가시가 어디 있느냐?"하고 말할 수 있으며, 또 우리는 "하나님의 아들의 품속에 묻혔다"하고 말하는, 하늘에서 굴러 나오는 소리를 들을 수 있습니다. 그리스도는 죽음을 자기 품속으로 가져 가셨습니다. 그리고 그가 주검에서 일어 나셔서 이렇게 말씀하셨습니다. "내가 살았으니 너희들도 역시 살리라" 하나님께 감사드립니다. 우리들은 영광 속에서 그리스도와 더불어 장수합니다.

사랑하는 친구들이여, 우리들이 그리스도 안에 있으면 우리는 결코 죽지 않을 것입니다. 당신은 이것을 믿니까? 앞으로 혹시 여러분이 이스트 노스필드(East Northfield)의 디 엘 무디(D.L. Moody)가 죽었다는 기사를 읽으시는 일이 있으시면 한 마디도 믿지 마십시오. 그는 더 높은 곳으로 올라 갔습니다. 그것이 전부입니다. 이 낡은 흙으로 된 세상집에서 벗어나 불멸의 집으로 가버린 것이며, 죽음이 건드리지 못하며 죄가 다시 더럽힐 수 없는 몸으로 바꾸어진 것입니다. 즉 그들은 더 좋은 몸으로 되었습니다. 그리고 저도 역시 죽음에서 더 나은 것을 얻으려 합니다.

내가 그를 높은 자리에 올리리라.

"내가 그를 높은 자리에 올리리라" 하나님은 이것을 할 수 있습니다. 천사보다도 높게, 천사장보다도 높게, 체루부천사보다도 세러푸천사보다도 더 높게 하나님의 아들과 함께 옥좌에 앉히십니다.

우리들은 영원한 "하나님의 아들과 딸"이라고 불리워집니다. 여러분은 영국 황태자가 빅토리아 여왕과 함께 앉을 수 없다는 것을 아십니까? 그들은 이를 허락하지 않습니다. 그러나 저 세상에서는 그렇지 않습니다. 그리스도는 하늘에 오르사 하나님 아버지의 오른편에 자리를 차지 하셨습니다. 그리고 모든 하나님의 아들과 딸들도 높여져서 옥좌에 앉게 되어 있습니다. 나의 친애하는 친구들이여, 약속을 생각해 보십시오. 풍만하고 귀중하지 않습니까? "내가 그를 높은 자리에 올리리라" 그래서 우리들의 친구들이 높이 오르게 되고 주님과 영원히 있게 되면 그들은 훨씬 더 나아질 것입니다.

내가 그에게 나의 구원을 보이리라

"내가 그에게 나의 구원을 보이리라" 이것은 귀중한 약속입니다. 하나님은 천사들에게 말할 수 있습니다. 한때 저 깊은 곳에 있었고 구렁텅이 아래 있던 사람의 소리를 들으라. 그러나 그는 지금 높임을 받아 나의 아들과 옥좌에 놓여 졌도다. '하나님이여 그리스도 예수에게 나타내신 당신의 은혜를 감사합니다.'

저는 우리들이 여기서 구원의 제목의 가장자리를 배우지는 않을 줄 믿습니다. 우리 주님이 이 세상에 계실 때 그는 더 많이 말할 것이 있으나 그의 제자들이 받아들일 준비가 되어 있지 않아서 말할 수 없다고 말씀 하셨습니다. 그러나 우리들이 이 멸망할 육체가 불멸의 몸으로 되고, 우리들의 정신적 기능이 육체의 속박에서 자유로이 되는 저 세상에 갈 때에는 저는 우리들을 더 받아 들일 수 있을 줄 믿습니다. 하나님은 저희들을 영광에서 영광으로 인도하실 것이며 우리들의 구원의 완전함을 보여 주실 것입니다. 여러분은 모세가 피스가에서 보다 변화산에서 더 많이 알았다고 생각하지 않으십니까. 그 때에 그리스도는 당신이 예루살렘에서 이루어질 죽음에 관해서 모세와 말씀하시지 않으셨습니까? 모세는 전에는 이 진리를 예수의 제자들 보다도 더 많이 받지 못하였습니다만 그가 영광된 몸을 받고 나서는 그리스도가 그에게 모든 것을 보여 줄 수 있었습니다.

chapter 07
하나님의 네 가지 질문

나는 여러분에게 하나님께서 우리에게 아직까지 해 오신 네 가지 질문에 대하여 이야기 하고 싶습니다. 사람에게 일찍이 하신 첫째 질문은 "네가 어디에 있느냐?"였고, 여인에게 하신 첫 질문은 "네가 한 이 일은 어찜이뇨?"였으며, 가인에게 하신 질문은 "너의 형제가 어디 있느냐?"였고, 엘리야에게 하신 질문은 "네가 여기서 무엇을 하느냐?"였습니다.

첫째, "네가 어디 있느냐?"(창 3:9)

어떤 사람이 내게 "당신은 하나님이 어떻게 이 질문을 아담에게 하셨는지 아십니까?"하고 말한 일이 있습니다. 내가 대답할 수 있는 가장 좋은 대답은 하나님께서 여러 번 이 질문을 내게 하셨다는 것입니다. 나는 아담의 아들이나 딸 중에서 그들의 영을 통하여 귀에 울리는 이 질문을 여러번 들은 분이 있는지에 관해서는 의심합니다. 나는 누굽니까? 나는 무엇입니까? 나는 어디로 가고 있는 것입니까? 이 질문을 우리 각 개인에게 해 보기로 합시다.

"나는 어디에 있는가?"— 사람의 눈으로 보이는 곳에 있는 것은 아닙니다. 그것은 문제 되지 않습니다. 다만 하나님이 보시기에 나는 어디에 있느냐?" 이것이 질문인 것입니다.

아담이 마땅히 먼저 말했어야 할 것이 있습니다. 에덴동산을 뛰어 다니며 "나의 하나님, 나의 하나님, 당신은 어디에 계십니까? 저는 죄를 지었습니다. 저는 타락했습니다"하고 외쳤어야 할 것이었습니다.

그러나 하나님께서 지금과 마찬가지로 그때에도 찾아다니신 것입니다. 아담이 타락한 이래 아무도 오늘날까지 하나님께서 찾으시기 전에 하나님을 찾을 생각을 한 사람은 없습니다.

"인자는 잃어진 자를 찾아 구하러 왔노라" 나는 믿습니다. 이러한 말씀을 하신 인자는 저 옛날 에덴동산에서 하신 음성과 꼭 같다고 하는 것을. "아담아 네가 어디 있느냐?" 창세부터 지금까지 하나님께서는 사람을 찾고 계십니다.

누가복음 15장에는 하나님께서 찾으시는 분이라는 것을 나타내려는 세 개의 비유가 있습니다. 목자를 찾고 있는 것이 양이 아닙니다. 잃어진 양을 찾으려고 광야로 나간 것이 목자입니다. 부인을 찾고 있는 것이 은전이 아니었습니다. 잃어진 은전을 찾아 헤매는 것은 부인입니다. 이 비유들은 하나님이 찾으시는 분이라는 것을 우리에게 가르치시려고 말씀하신 것입니다. 만약에 당신이 당신 자신을 발견하고 당신이 누구인가를 알아낼 수 있다 할 것 같으면, 그리고 당신이 무엇인가를 알 수 있다면 그것이야 말로 실로 당신이 발견한 최대의 것입니다. 그것이 바로 탕자가 제 정신이 들었을 때 알아낸 것입니다. 그는 자기가 누구라는 것을 발견해 낸 것입니다.

대부분의 우리들은 집을 멀리 떠나 살고 있습니다. 우리는 아담이 에덴의 숲속에서 한 것 처럼 우리 자신을 숨기고 있습니다. 한때 하나님의 목소리가 아담의 영혼을 기쁨과 즐거움으로 감동하게 하고 한편 아담이 하나님의 마음을 기쁨으로 감동하게 한 때가 있었습니다.

하나님과 아담은 서로 아름다운 관계를 맺고 살았던 것입니다. 하나님께서는 아담을 바로 천국문 앞에 두셨던 것입니다. 그리고 그를 모든 피조물의 주인으로 삼으셨습니다.

나는 하나님께서 아담을 더욱 더 높은 자리에 두시려고 계획하셨을 것을 믿어 의심치 않습니다. 여호와의 전에 있는 세라빔천사와 체러빔천사보다도 높이, 가브리엘 천사보다도 그리고 뭇 천사의 장인 미카엘천사보다도 위에 그를 두시려고 하셨을 것입니다.

그러나 인간은 인간에게 복을 주시려는 하나님에게서 멀리 하였으며 그를 배반한 것입니다.

둘째, "너는 무슨 일을 저질렀느냐?"(창 3:13)

이제 잠깐 하나님께서 부인에게 하신 질문에 대해 생각해 봅시다.

"네가 저질러 놓은 이 일은 무엇이냐?" 그 여인은 무엇을 해 놓았습니까? 그 여인은 복종하지 않았습니다. 생명의 샘에서 떠나 죽음의 샘으로 가서 그 샘물을 마신 것입니다. 그 여인은 죄를 이 세상에 이끌어 들여 왔습니다. 그리고 하나님께서 그 여인을 이 지구상에 살면서 자기가 저지른 일을 보도록 마련하셨습니다. 타락 후 첫 번 낳은 아들은 살인자 였습니다. 죄가 완전히 자라 이 세상에 들어 왔다는 것을 명심하십시오. 그 여인은 스스로 타락의 성질을 얻어 그것을 그의 후손에게 물려준 것입니다. 그 여인은 아담만큼 살았다면 천년 가까이 살아 기록되어 있지 않은 저주와 비참—이것은 자기가 이 세상으로 끌어들인 것입니다—을 여러번 경험하는 기회를 가졌을 것입니다.

이 큰 도시 안에서 죄 때문에 야기되는 온갖 참담과 고통들을 보십시오. 우리는 하와가 죄를 이 세상에 이끌어 들였을 때 저지른 것을 보기 위하여 역사를 거슬러 올라 가거나 다른 땅으로 갈 필요는 없습니다. "무엇을 네가 저질렀느냐?" 살아 계신 하나님에게서 돌이켜 모든 의로움의 적에게로 간 것은 무서운 일이었습니다. 그러나 감사하게도 하나님은 바로 그 때에 그 여인의 손에다 약속의 등불을 쥐어 주셨습니다. 우리가 아는 2천여년 동안 비쳐온 희망의 빛줄기는, 하나님께서 그가 여인의 자손들과 뱀 사이에 적대 관계를 맺어 놓고 뱀이 그의 발꿈치를 물고 그는 뱀의 머리를 밟으리라고 말씀하신 그 때에 주어진 약속이었습니다. 그 약속이 얼마나 고마운 것입니까?

예수 그리스도, 인류를 구원하시려 이 지상에 오신 완전히 깨끗하신 그분은 십자가에서 죽임을 당하셨습니다. 나도 만약에 가브리엘 천사가 천상의 모든 영광을 지니고 이 땅에 내려와 인간들을 구하려 한다 해도, 일주일 이내에 인간들은 그를 죄인으로 만들어 버리리라고 나는 믿습니다. 불순은 순결을 싫어합니다. 아직도 적의가 있습니다. 인간들은 제 멋대로 이론을 말하거나 또는 토론을 할 것입니다. 그러나 한 가지 분명한 사실이 있습니다. 즉 하나님의 계획은 반드시 성취되고야 말 것입니다. 뱀은 그의 머리가 부셔질 것이며 모든 사람이 마음대로 뱀의 머리를 부실 수 있을 것입니다. 우리의 최강의 적은 죄입니다.

셋째, "너의 형제가 어디 있느냐?"(창 4:9)

그러나 나는 이제 세 번째 질문을 생각해야 하겠습니다. "너의 형제가 어디에 있느냐?" 여기에 한 젊은이가 있습니다. 그는 과부가 된 어머니의 외아들입니다. 그 여인의 남편은 죽을 때 아무 재산도 남기지 않았습니다. 그 여인은 열심히 일하여 그 자식을 교육시키려고 했습니다. 그래서 아주 따뜻한 사랑으로 그 아들을 돌보아 주었고, 그 아들은 어머니를 만년에 평안히 해드리고 위안해 드리겠다는 커다란 포부를 가지고 집을 떠났습니다. 그는 대학에 들어 갔습니다. 그런데 이 학생은 흔히 말하듯이 물이 들었습니다. 만일 그가 쉽게 물이 든다면 어째서 좋은 물이 들지 않고 나쁜 물이 드는 것입니까? 어떤 사람이 그를 유혹하여 그가 일찍이 꿈꾸어 보지 못한 죄를 짓게 만들었습니다.

많은 청년들이 저 청년과 비슷하게 집을 나가 버렸습니다. 그리고 더러는 미처 대학을 나오기도 전에 관에 넣어져서 어머님에게 돌아오는 경우도 있습니다.

너의 형제가 어디에 있느냐? 그는 어디에 있습니까? 당신의 대답도 가인의 그것과 비슷하게 "제가 저의 형제를 지키는 자인가요? 그것이 제게 무엇입니까? 저는 아벨과 아무 상관이 없습니다. 나는 책임이 없습니다. 나는 내가 아무에게도 책임이 없음을 확언합니다. 나는 내 일에만 마음을 쓸 뿐이고 남의 일은 일절 마음을 쓰지 않습니다. 나는 그 사람에게서 아무 이득도 취하려고 하지 않습니다" 입니까?

서부 어느 도시에서 몇해 전에 그곳 사람들은 매우 유력한 어느 상인을 음주를 반대하는 운동의 책임자로 내세우려고 애썼습니다. 그 상인은 금주가며 매우 사랑스런 가정을 가지고 있었으나, 만약 그가 금주가로 자기를 표명한다면 그것이 그의 상업에 영향이 있으리라고 생각했습니다. 그는 그의 도시를 금주의 도시로 만들만한 세력을 넉넉히 가지고 있었습니다. 그러나 그는 그것이 그가 관여 할 바가 아니라고 말했고 사실 또 간섭하지도 않았습니다. 그 도시는 음주인가법을 투표했습니다.

몇달 후 그는 마부와 마차를 데리고 동부에서 오는 그의 아내와 딸들을 마중하러 정거장에 나갔습니다. 그런데 기차는 도착하지 않고 얼마 후에 온 무전에 의하면 차가 전복되어 이 사람의 아내와 딸은 죽었다는 내용이었습니다. 원인을 조사해 본 결과 기관사가 술을 마시고 운전을 한 사실이 드러났습니다.

자, 술을 팔거나 안 팔거나 참으로 그 사람에게 아무 상관이 없었습니까? 몇해 전에 한 사람이 호수의 언덕 위에서 살고 있었는데, 온도는 영하로 내려가고 몹시 추운 어느날 밤 밖에서 신음하고 있는 사람의 소리를 들었습니다. 밖에서 얼음을 지키고 있던 사람이 얼음 구멍에 빠져서 간신히 양팔로 얼음을 붙잡고, 그 머리는 물 밖에 내 놓은 채 살려 달라고 소리치고 있었던가 봅니다. 그 사람은 이 소리를 들었지만 혼자 말하기를 "그건 내가 할 일이 아니야, 날은 차고 일어나 나가기도 싫고 어쨌던 이렇게 추운데 나가 얼음을 지칠 일은 아무도 없을 테니까?" 했습니다.

그 부르짖음은 차차 희미해졌습니다. 그리고 마침내 끊어져 버렸습니다. 그 이튿날 사체가 발견되었습니다. 그 사람은 어리석게도 그가 들었던 소리에 대해 이야기를 했습니다. 그러자 온 동네사람들은 크게 노하여 그를 마을에서 쫓아내 버렸습니다. 그들은 그가 그들과 함께 살기에는 부적당하다고 말했습니다. 누구든지 "옳은 말이야" 할 것입니다. 그럼에도 불구하고 한 청년이 술로 타락하는 것을 보고 그를 살리기 위해 손을 내밀지 않는 사람보다 무엇이 나을 것입니까? 당신의 형제가 어디에 있습니까?

어느 해변에서 일어난 커다란 폭풍에 대한 이야기가 있습니다. 구조선원들이 구조선에 타고 있었습니다. 그런데 거기에 한 어머니가 달려와 자기 아들이 타는 것을 보고는 소리쳤습니다.

"얘야, 네가 떠나면 나는 죽어 버리겠다. 네가 내게 남은 단 한 명의 아들이란 것을 너도 알지? 윌리도 바다에서 죽었다. 가지 마라 얘야"

그러나 먼 바다 밖에서는 파선이 되고 있었습니다. 그 젊은이는 나가서 그 사람들을 살리지 않으면 안 된다고 생각했습니다.

어머니는 그 구조선이 큰 파도에 휩쓸려 올랐다 내려갔다 하는 것을 보았습니다. 마치 폭풍이 배를 때려 산산조각이 되게 하고 모든 사람이 죽는 것 같이 보였습니다.

마침내 그 구조선은 그 사람들을 구출해서 돌아오고 있습니다. 어머니는 귀를 기울이고 점점 더 거칠어져 가는 듯이 보이는 폭풍

속을 내다 보았습니다. 점점 보트는 가까이 와서 마침내 아들이 어머니에게 "어머니 저는 윌리를 구했어요" 하고 소리쳐 말했습니다. 그의 친형제 모두가 죽었다고 생각했던 윌리가 배에 타고 있었습니다.

 오! 친애하는 여러분! 여러분들은 누구든지 구하려고 노력해 본 일이 있습니까? 나는 여러분이 그 일에 성공했느냐고 묻지 않습니다. 다만 노력이라도 해 보셨습니까? 하나님께서는 아무도 구하려고 해 보지 않은 사람을 불쌍히 보십니다. 하나님께서는 그를 불쌍히 보십니다. 만약 여러분이 이렇게 해 보신 일이 없다면 오늘 그것을 해 보겠다고 결심하십시오. 여러분들은 하늘나라에 회개한 친구를 갖는 기쁨을 누리실 생각이 없습니까? 만약 여러분들이 사람들을 어두움에서 빛으로, 죄의 권세에서 하나님께로 돌리려는 하나님의 손의 도구가 된다면 이 세상은 얼마나 밝은 날이 되겠습니까?

 여러분은 가인과 같이 이렇게 말 할 수 있습니까? "제가 형제를 지키는 자인가요?" 그러나 하나님께 감사할 것은 여러분은 그 보다도 훌륭히 행동할 수 있다는 것입니다. "나는 하나님의 도움으로 어떤 사람을 구할 수 있다. 그리고 나의 인생은 헛되지 않으리라"고 말할 수 있습니다. 내가 스프리호에 타고 있을 때 샤후트가 부러져 떨어져서 배 밑창에는 구멍이 뚫렸습니다. 고물은 대양 한 복판에서 30척이나 가라 앉았고, 온 일주일 동안, 만약 폭풍이 우리에게 달려 들었다면 우리는 틀림없이 물속으로 빠져 버렸을 것입니다. 어떤 사람은 어찌나 당황하고 겁을 집어 먹었는지 갑판에서 뛰었습니다. 내가 그를 도울 수 없는 것을 생각하고 얼마나 마음 아팠는지 지금도 기억합니다. 그는 큰 바다 한 복판에서 머리만 내놓고 우리들을 바라보고 있었습니다. 여객들은 구명대들과 발견되는 대로 무엇이나 그에게로 던졌습니다. 모두 성공되지 않았습니다. 나는 그 사람의 얼굴을 도무지 잊을 수 없습니다. 나는 몇 년 동안 두고두고 그를 생각합니다. 그러나 만약에 생명의 밧줄이 바로 내 발 밑에 놓여 있는데 내가 그것을 그에게 던져주기를 거절했다면 여러분은 내게 대해 어떻게 말하겠습니까? 도대체 여러분들은 무엇이라고 말할 것입니까?

오 친구들이시여, 생명의 밧줄은 우리들의 발밑에 언제나 놓여 있습니다. 사람들은 우리 주변에서 무수히 가라앉고 있습니다. 자, 그 생명의 밧줄을 집어 던집시다.

어떤 사람이 어느 날 자기 친구에게서 자신의 아들이 나쁜 친구들과 사귀어 술을 마시고 있다는 말을 들었습니다. 하지만 그 사람은 그 말을 전혀 믿으려고 하지 않았습니다. 도리어 그런 말을 한다고 해서 그에게 매우 화를 냈습니다. 그러나 어느 날 밤 그는 그의 아들이 돌아올 때까지 기다려 보겠다고 생각하였습니다. 날이 밝아오고 있었습니다. 그때는 추운 겨울밤이었습니다. 그는 누가 문고리를 열려고 하는 소리를 들었습니다. 그는 문으로 가서 그것이 술에 취한 자기 아들이라는 것을 알았습니다. 그는 그를 내 쫓고 문을 닫아 버렸습니다. 그리고 그 집으로 다시는 들어오지 말라고 말했습니다. 그의 아들이 그에게는 수치였던 것입니다.

그리고 나서 침대에 들어가 자려고 했습니다. 나는 내 아들을 구하려고 애써 보기라도 했던가? 나는 이따금 그의 면전에서 식탁에 앉았을 때 술을 잔뜩 마셨었다. 내가 한번이라도 그에게 보다 나은 생명에 대하여 이야기해 준 적이 있는가? 그에게 구주에 대하여 이야기해 준 적이 있는가?

그 사람은 일어나 옷을 입고 그 추운 밤에 밖으로 나갔습니다. 그는 그 구역의 경찰을 찾아 부탁을 하고 술에 취한 자기 아들을 찾을 때까지 헤맸습니다. 그리고는 그를 집으로 데려왔습니다. 그 아들이 제정신이 들었을 때 부친은 자기가 옳게 행하지 못했다는 것을 고백했습니다. 그리고 그 아들에게 그것을 용서하라고 했습니다. 그 결과 그 아들은 구원을 받았습니다.

당신들은 당신에게 거리끼는 사람을 알고 있습니까? 당신은 여러 해 동안 자백한 교인이 있는데 그의 영혼에 관하여 아무에게도 말한 적이 없습니다. 여러분은 많은 사람들이 사방에서 타락하는 것을 보아 왔습니다. 여러분의 형제가 어디에 있습니까? 아마도 오늘 당장 그에게 연락하는 것이 그를 구할 수 있을 것입니다. 그에게 이전에 말하지 않은 것에 대해서와 생명의 밧줄을 그에게 던지지 않은 것에 대하여 용서를 구하십시오. 만일 그가 쉽게 감사를 받는다면 이렇게 말하십시오.

"하나님께서 저를 도우시면 저는 쉽게 그가 착하고 올바르게 되도록 감화줄 수 있겠습니다."

"너는 여기서 무엇을 하느냐?"(왕상 19:9)

엘리야는 한동안 하나님과 교제하지 않았습니다. 한 때 그렇게도 대담했던 엘리야는 겁쟁이가 되었습니다. 이 시간까지 그렇게도 성공을 거듭해 오던 엘리야는 자기의 눈을 자신의 주인에게서 돌리고 사막으로 달아나 로뎀나무 아래 앉아 죽었으면 하고 생각했습니다.

여러분 중에는 아주 낙심하고 용기를 잃게 되신 분이 계실 것입니다. 아마 여러분은 그리스도의 사업을 하다가 얻으리라고 기대했던 만큼의 것을 얻지 못했을 것입니다. 여러분은 눈을 주인에게서 돌려 사막으로 달아나 수도승과 비슷한 종류의 생활을 하려고 할 것입니다. 사랑하는 나의 친구여! 우리가 원하는 바는 전쟁마당 한 복판에 뛰어 들어가 주인이 우리를 불러들일 때까지 거기에 머무는 것이라고 저는 봅니다. 나는 세상에서 영화롭게 사느니 차라리 주를 위하여 죽을 것입니다. 나는 차라리 살아서 하나님에게 쓰이지 않느니보다 바로 하나님에게로 부르심 받기를 바랍니다. 나는 그렇게도 놀라웁게 하나님께 쓰여졌던 엘리야가 어째서 낙망하고 낙심하였는지 아무리 생각해 보아도 알 수 없습니다. 나는 차라리 주를 위해 일하다가 죽고 싶습니다.

"너는 여기서 무엇을 하느냐?" 삶(그대 밖에 아무도 더 잘 알 수 없다)이란 커다란 활동이다! 은자적인 비활동도 아니고 영광스럽지 못한 휴식도 아닙니다. 이 험악한 세대에 있는 나의 대변자, 너의 동료들 위에 영광으로 세운 너는 지금 무엇을 하고 있느냐? 너는 무엇을 하느냐? 여기 이 황량한 지점에서 의무를 내 던지고 있으니 바알의 제단은 재건되어 있고, 나의 제단은 황폐되어 있고, 박해의 칼은 아직 칼집에 꽂혀 지지 않고 부르짖은 양떼는 너 때문에 노략질하는 이리에게 방임되고 있지 않느냐?

"엘리야야, 여기서 무엇을 하느냐?" 너의 그 이름이 너를 책망하지 않느냐. 그대의 힘이신 하나님이 어디에 계시냐? 가멜의 기도와 맹세가 어디에 있느냐? 그대의 이름과 사명을 속이는 연약한 소자여 "너는 여기서 무엇을 하느냐?"

이때에 엘리야는 그의 일생의 기회를 놓쳤습니다. 그 기회는 다시는 그에게로 돌아오지 않았습니다. 하나님은 그가 그의 외투를 엘리사에게 입힐 것을 허락했지만 하나님께서 그를 힘 있게 쓰시려던 바로 그 장소까지 왔을 때 그는 겁쟁이처럼 달아나 버렸습니다. 우리들 중의 대부분은 커다란 기회를 놓칩니다.

만일 하나님께서 여러분을 어떤 일로 부르시면 그것을 할지 말지 머뭇거리지 마십시오. 그것은 하나님께 맡기십시오. "여기 제가 있습니다. 저를 보내 주십시오"

"너는 여기서 무엇을 하느냐?" 당신은 하나님과 교제를 끊고 있습니까? 저주의 죄악이 들어와 당신을 하나님에게서 끊고 당신의 생명은 사막에서 아무 힘도 없이 바람에 흔들리는 나무와도 같습니까? 만약 그렇다면 여러분은 죄를 사함 받기 위하여 기도하십시오. 전심령을 돌이켜서 그에게로 돌아가십시오. 그러면 그가 여러분을 힘 있게 쓰실 것입니다.

chapter 08
두 계급

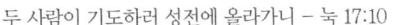
두 사람이 기도하러 성전에 올라가니 - 눅 17:10

나는 이제 두 개의 계급에 대하여 말하고자 합니다. 첫째 계급은 성령에 의한 죄의 의식감을 갖지 못하고 구주가 필요치 않다는 사람들이며, 둘째는 죄를 의식하고 구원을 받으려면 나는 무엇을 해야 하나 하고 애용하는 사람들입니다. 이것을 묻는 사람은 모두 다음 두 가지에 해당할 것입니다. 즉 그들은 바리새인의 정신을 가졌거나 혹은 세리의 정신을 가졌거나입니다. 만일 바리새인의 정신을 가진 어떤 사람이 예배 뒷자리에 들어온다면 로마서 3장 10-11절은 그에게 가장 잘 들어 맞는다고 생각합니다. 기록한 바 "의인은 없나니 하나도 없으며 깨닫는 자도 없고 하나님을 찾는 자도 없고" 바울은 여기서 인간에 관하여 말하고 있습니다. "그들은 모두 길을 잃고 모두 아무 소용도 없게 되고 선을 행하는 사람은 없는데 단 한 사람도 없다" 그리고 17절-19절에는 "평강의 길을 알지 못하였고 그들의 눈 앞에 하나님을 두려워함이 없느니라 함과 같으니라 우리가 알거니와 무릇 율법이 말하는 바는 율법 아래에 있는 자들에게 말하는 것이니 이는 모든 입을 막고 온 세상으로 하나님의 심판 아래에 있게 하려 함이라"라고 말씀합니다.

누가 죄를 지었나?

이제 로마서 3장 22절의 하반절과 23절을 보십시오. "차별이 없느니라 모든 사람이 죄를 범하였으매 하나님의 영광에 이르지 못하더니" 인간 족속 중의 일부가 아니라 모두가 "죄를 지었기 때문에 하나님의 영광에 이르지 못하게 된다" 또 인간에게 죄를 깨닫게 해 주는데 잘 쓰이는 구절은 요한1서 1장 8절입니다. "만일 우리가 죄가 없다고 말하면 스스로 속이고 또 진리가 우리 속에 있지 아니할 것이요"

예전에 나는 약 4만명의 인구를 가진 동부 어느 도시에서 집회를 가졌던 일이 있었는데, 어느 부인이 와서 남편을 예배 뒷자리에라도 데리고 올 수 있도록 기도해 달라고 한 일을 기억합니다. 나는 여행을 자주하여 많은 바리새인적인 사람들을 만났지만 이 남편은 지나친 독선에 사로 잡혀서 회개할 생각이라곤 바늘 끝 만큼도 없었습니다. 나는 그 부인에게 말하기를 "저는 당신의 신앙에 감탄합니다. 그러나 당신의 남편을 가까이 할 수 없군요. 그 사람은 제가 지금까지 본 그 누구보다도 가장 독선적인 사람입니다."라고 했더니, 그 부인은 "당신은 반드시 회개시켜 주어야만 합니다. 만일 그를 회개 못 시키고 이 집회가 끝난다면 저는 가슴이 터지고 말 것입니다."라고 말하였습니다. 그 부인은 남편을 데려오기 위해 애를 태웠고 나는 그 남자가 오기를 눈이 빠지도록 기다렸습니다.

자기 자신을 위한 기도

그런데 30일간 집회가 끝날 무렵에 그는 나에게 와서 떨리는 손을 나의 어깨위에 올려 놓았습니다. 이 집회를 가졌던 장소는 매우 추웠고 옆방 한 군데만 난로 불을 피우고 있었습니다. 그는 나에게 "이곳으로 잠깐 오실 수 없을까요?"라고 청하였습니다. 그가 추위에 떨고 있는 줄 생각하고 춥지 않은 장소로 데리고 갔습니다. 그는 말하기를 "나는 버먼트에서 가장 나쁜 사람입니다. 나를 위하여 기도하여 주십시오" 할 때 저는 그가 살인했거나 혹은 무서운 범죄를 저질렀다고 생각했습니다. 그래서 나는 "당신을 괴롭히고 있는 죄가 있습니까?"하고 물었더니 그는 "저의 전 생활이 하나의 죄입니다. 저는 잘난 척하며 독선적인 바리새인이었습니다. 저를 위해서 기도해 주시기 바랍니다."고 대답 하였습니다. 그는 뚜렷한 확신을 가지고 있었습니다. 사람은 이런 결과를 만들어 낼 수 없을 것입니다. 그러나 성령은 만들어 내십니다. 새벽 두 시경이 되어 빛이 그의 심령 속을 파고 들어갔으며 그 후로 그 도시의 상가를 두루 다니며 하나님께서 그에게 역사하신 일들을 증언하였습니다. 그 후 그는 지금까지 보지 못한 가장 열렬한 신자가 되었습니다.

이런 질문자에게 적당한 대답이 되는 구절이 네 군데 더 있는데 이것은 예수님 자신이 늘 하신 말씀입니다.

"진실로 진실로 네게 이르노니 사람이 거듭나지 아니하면 하나님의 나라를 볼 수 없느니라"(요한복음 3장 3절)

누가복음 13장 3절에는 "너희도 만일 회개하지 아니하면 다 이와 같이 망하리라"

마태복음 18장에 제자들이 예수께로 와서 누가 천국에서 제일 큰가를 알려고 했을 때 그는 어린 아이를 데려다가 가운데 두고 이렇게 말씀하신 것을 우리는 압니다.

"진실로 너희에게 이르노니 너희가 돌이켜 어린 아이들과 같이 되지 아니하면 결단코 천국에 들어가지 못하리라"(마태복음 18장 3절)

마태복음 5장 20절에는 또 다른 "더 낫지 못하며"로 되어 있는 중요한 구절이 있습니다. "너희 의가 서기관과 바리새인보다 더 낫지 못하면 결코 천국에 들어가지 못하리라"

사람은 누구나 천국에 들어가기를 원하기 전에 마음의 준비가 되어야 합니다.

형을 옹호하는 일

어떤 부인이 자기의 딸을 위해 조력을 해 달라고 했습니다. 그 부인은 말하기를 "당신은 제가 당신의 교리에 함께 공명하지 않음을 꼭 기억하고 있어야 합니다"고 하기에, 나는 "당신은 걱정거리가 무엇인가요?"하고 물어 보았습니다. 그 부인은 말하기를 "저는 당신이 탕자의 형을 비난하시는 것이 너무하다고 생각합니다. 저는 그가 고상한 성격을 가진 사람이라고 생각합니다."고 하였습니다. 나는 그러한 입장을 취한다는 것은 매우 신중한 일이며 형은 동생만큼 회개할 필요가 있었다고 말했습니다. 사람들이 도덕성에 관해서 말할 때에는, 듣지 않는 아들을 설득시키고 있는 늙은 아버지에게 초점을 두게 하는 것이 좋은 일입니다.

이번에 우리는 또 하나의 계급으로 넘어가서 그것을 다루어 보십시다. 이 계급은 자기 죄를 자각하고 "나는 구원을 얻기 위해선 무엇을 해야 할까요?" 하고 외친 필리핀 4인과 같은 사람들로서 구성되어 있습니다. 이런 참회를 부르짖는 자에게는 율법으로 다스릴 필요가 없습니다. 그들은 직접 성경으로 이끄는 것이 좋습니다. "주 예수를 믿으라 그리하면 너와 네 집이 구원을 받으리라"(사도행전 16장 31절) 많은 사람들이 당신을 조롱하며 "나는 도대체 무엇을 믿어야 할지 모르겠어. 그리고 구원을 얻기 위해서 믿어야 한다는 것이 천국의 율법이겠지만 그 율법은 믿는 것 외에도 다른 것을 요구하고 있어"하고 말합니다. 우리는 그들에게 무엇을 어디서 어떻게 믿을 것인가를 일러 주어야 합니다.

요한복음 3장 35-36절에 "아버지께서 아들을 사랑하사 만물을 다 그의 손에 주셨으니 아들을 믿는 자에게는 영생이 있고 아들에게 순종하지 아니하는 자는 영생을 보지 못하고 도리어 하나님의 진노가 그 위에 머물러 있느니라"고 말씀하셨습니다.

이제는 이것이 합당하게 보인다.

사람은 불신 때문에 즉 하나님의 말씀을 믿지 않아서 생명을 잃어 버립니다. 그러나 우리는 믿음으로써 즉 하나님의 말씀을 그대로 받아 들임으로써 생명을 도로 찾을 수가 있습니다. 다른 말로 하면 아담이 넘어진 곳에서 우리가 일어서는 것입니다. 그는 불신이란 돌위에 엎드러졌습니다. 그러나 우리는 신앙에 의하여 일어나서 똑바로 서는 것입니다. 사람들이 믿을 수 없다고 말할 때 그들에게 성경의 장절을 보여 주면 다음은 이 하나의 사실에 대하여 올바르게 파악하게 됩니다. "하나님께서 6천년 동안 그의 약속을 깨친 적이 있습니까?" 마귀와 사람들은 언제나 기를 쓰고 하나님께서 작은 약속 하나라도 어기셨다는 것을 보여주려 하였으나 실패하고 말았습니다. 하나님께서 하시겠다는 하나의 말씀이라도 어기신 것이 있다면 오늘날 지옥에는 오순절이 생겨서 기뻐 날 뛸 것입니다. 못 믿겠다는 사람이 있으면 그에게 이 한 구절을 강조해 주는 것이 좋을 것입니다. 나는 오늘날 나 자신의 마음을 믿는 것보다 하나님을 더 잘 믿을 수 있습니다. "만물보다 거짓되고 심히 부패한 것은 마음이라 누가 능히 이를 알리요마는"(예레미야 17장 9절) 나는 나 자신보다 하나님을 더 잘 믿을 수 있습니다. 여러분이 생명의 길을 알고자 하면 예수 그리스도를 한 개인 구세주로 믿으십시오. 모든 교리나 신조를 집어 던지고 하나님의 아들의 품안으로 바로 들어 오십시오. 만일 당신이 메마른 교리를 먹고 양육되어 왔다면 그런 음식으로는 크게 성장할 수 없습니다. 내가 친구의 만찬에 초대받고 걸어가고 있는 길이라는 것이 육신에 관한 것이라고 하면 신조는 곧 그 길에 해당하며 영혼에 관한 것입니다. 내가 옳은 길만 택하면 그 길은 다른 잔치에 인도할 것입니다. 그러나 만일 앞에 가야 할 길들을 그대로 두고만 있다면 나의 굶주림은 결코 채워지지 못할 것입니다. 교리로써 양육하는 일은 메마른 껍질을 먹고 살려고 애쓰는 것과 같습니다. 교리라는 것을 올바로 더듬어 먹고 하늘로부터 내려온 빵을 나누어 먹지 않은 영혼은 메마를 수 밖에 없습니다. 어떤 사람이 묻기를 "어떻게 하면 내 마음을 따뜻하게 할까요?" 합니다. 그것은 믿음에 의해서 입니다. 믿기 전까지는 하나님을 사랑하고 봉사하는 힘을 가질 수 없습니다.

사도 요한은 이렇게 말했습니다. "만일 우리가 사람들의 증언을 받을진대 하나님의 증거는 더욱 크도다 하나님의 증거는 이것이니 그의 아들에 대하여 증언하신 것이니라 하나님의 아들을 믿는 자는 자기 안에 증거가 있고 하나님을 믿지 아니하는 자는 하나님을 거짓말하는 자로 만드나니 이는 하나님께서 그 아들에 대하여 증언하신 증거를 믿지 아니하였음이라 또 증거는 이것이니 하나님이 우리에게 영생을 주신 것과 이 생명이 그의 아들 안에 있는 그것이니라 아들이 있는 자에게는 생명이 있고 하나님의 아들이 없는 자에게는 생명이 없느니라"(요한1서 5장 9절-12절)

사람의 증거의 가치

우리가 사람의 증언을 받아들이지 않는다면 인간의 모든 사건들은 정체되고 말 것입니다. 만일 우리가 사람들의 증언을 중요시 않는다면 어떻게 정상적인 생활의 교제를 해 나갈 수 있으며 또한 어떻게 살림살이를 꾸며 나갈 수가 있겠습니까? 사회적이거나 사업적이거나 그 생활은 48시간 이내에 종결이 오고 말 것입니다. 이것이야말로 사도들이 언쟁하던 초점입니다. 만일 우리가 사람들이 내세우는 증인을 용납한다면 하나님이 세우신 증인이야말로 더 위대한 것입니다. 하나님은 예수 그리스도로 하여금 증언하게 하셨습니다. 사람들은 그의 친구들이 자기에게 많은 거짓말을 하며 늘 불신의 행동을 보여 주는데도 그들을 잘 믿으면서, 어찌하여 하나님의 말씀대로 받아들이지 않고 그의 증언을 듣지 않으려 합니까?

신앙이란 증언을 믿는 것입니다. 어떤 사람이 말하는 것처럼 신앙이란 어둠 속에서 뜀뛰는 것이 아닙니다. 그것은 전혀 신앙일 수 없습니다. 하나님은 어떤 사람에게든지 그에게 믿을 만한 무엇을 주지 않고 무조건 믿으라고는 하지 않습니다. 믿을 것을 주지 않고 믿으라는 것은 눈 없이 보라고 하며 귀 없이 들으라 하고 다리 없이 걸으라고 하는 것과 같습니다.

나는 캘리포니아주로 떠날 때에 여행 안내서 한 권을 구했습니다. 이 책은 내가 일리노이주를 떠난 후 미시시피와 미조리주를 지나 에브라스카로 가고, 다음 록키 산맥을 넘어 몰몬교의 본산지인 쏠트레이크시를 지나 시에라네 바다를 건너 샌프란시스코에 이르는 길을 알려 주었습니다. 나는 그 여정을 따라 여행하면서 그 안내서가 틀림없는 것을 알게 되었습니다. 그러나 여로의 4분의 3이 정확한 것을 증거하면서도 여행의 나머지 부분에서 그 안내서를 믿지 않았다면 나는 불쌍한 회의주의자가 되었을 것입니다. 어떤 사람이 나에게 우체국으로 가는 길을 알려 주면서 10개소의 도표를 가르쳐 준다고 해 봅시다. 그래서 내가 거기를 가는 도중에 그가 가르쳐 준대로 아홉 개소를 잘 찾아 갔다고 하면 나는 틀림없이 우체국에 가까워지고 있다고 믿어도 좋을 것입니다. 그러나 만일 믿음에 의하여 내가 이전에 가져본 일이 없었던 새 생활과 소망과 평화와 기쁨과 나의 영혼의 평강을 얻는다든가, 또한 내가 자제로서 악에 대항하며 선을 행할 수 있는 힘을 가졌다면 이것은 내가

"창조주 하나님의 반석 위에 세워진 도시"로 가는 바른 길에 들어섰다는 확실한 증거를 가진 것이 됩니다. 또 하나님의 말씀에 기록된 것처럼 모든 일들이 일어났거나 또는 일어나고 있다면 나머지 일도 성취되리라고 결론 지을 수 있는 충분한 이유가 됩니다. 그러나 사람들은 의심하고 있습니다. 두려움이 있는 곳에는 참다운 믿음이 있을 수 없습니다. 신앙이란 하나님을 그의 말씀대로 무조건 받아들이는 일입니다. 두려움이 있는 곳에 참다운 평화는 있을 수 없습니다. "온전한 사랑은 두려움을 물리칩니다." 아내가 남편을 의심한다면 얼마나 불행한 일일까요? 어머니가 그 아들이 집을 나갔다고 해서 그가 집에 돌아올 것을 의심한다면 얼마나 불행한 일일까요? 참다운 사랑은 결코 의심하지 않습니다.

이해, 찬성, 소유

신앙에 없어서는 안 될 다음 세 가지가 있습니다. 그것은 이해와 찬성과 소유입니다. 우리는 하나님을 알지 않으면 안 됩니다. "영생은 곧 유일하신 참 하나님과 그가 보내신 자 예수 그리스도를 아는 것이니이다"(요한복음 17장 3절) 우리는 우리가 아는 것에 동의할 뿐만 아니라 진리를 파악하지 않으면 안 됩니다. 만일 어떤 사람이 단순히 속죄의 방법에 찬성했다고 해서 구원을 얻는 것이 아닙니다. 그리스도를 그의 구주로서 받아들여야 합니다. 받아들이고 그것을 자기 것으로 해야 합니다. 어떤 사람은 사람의 생명이 그 신앙에 의해서 어떻게 영향을 받을 수 있었을 지를 말할 수 없다고 합니다. 그러나 어떠한 사람에게 우리가 살고 있는 집에 불이 났다고 큰 소리로 외치게 해보십시오. 그러면 우리는 당장에 우리의 믿는 바 그대로 행할 것임에 틀림없고 밖으로 나오는 것을 보게 될 것입니다.

우리는 언제나 우리들이 믿고 있는 그대로 영향을 받게 됩니다. 우리는 이것을 피할 수는 없습니다. 그러니까 하나님께서 사람에게 예수님에 관해서 나타내신 증거를 믿게 해 보십시오. 그러면 곧 그 사람의 전 생애에 크게 영향을 끼칠 것입니다. 요한복음 5장 24절을 보십시오. 이 한 구절에는 모든 영혼이 구원을 얻어 안식 할 수 있는 충분한 진리의 말씀이 들어 있습니다. 거기에는 유혹의 그림자를 볼 수 없습니다. "진실로 진실로"란 말은 "참으로 참으로"란 말이고 "너희에게 이르노니 내 말을 듣고 또 나 보내신 이를 믿는 자는 영생을 얻었고 심판에 이르지 아니하나니 사망에서 생명으로 옮겼느니라"고 하였습니다.

이제 어떤 사람이 참으로 예수의 말씀을 듣고 세상의 구세주로 아들을 보내신 하나님을 마음으로 믿어 이 위대한 구원을 꽉 붙들어 놓지 않는다면 심판의 두려움은 사라지고 맙니다. 그는 그 위대한 백보석의 왕좌를 두려움의 눈초리로 바라보지 않을 것입니다. 왜냐하면 요한1서 4장 17절에 "이로써 사랑이 우리에게 온전히 이루어진 것은 우리로 심판 날에 담대함을 가지게 하려 함이니 주께서 그러하심과 같이 우리도 이 세상에서 그러하니라"고 했기 때문입니다. 우리가 믿을 때에는 우리에게 대한 죄의 선고는 없고 심판도 없습니다. 이것은 우리가 뒤에 놓고 지나 왔으니 심판날에는 담대할 수 있는 것입니다.

호주머니 속에 사면장을 가졌다면

나는 언젠가 생사에 관하여 재판을 받는 어떤 사람의 이야기를 읽은 기억이 납니다. 그는 유력한 친구들을 사귀고 있었는데 그들은 임금님에게 청하여 자기의 친구가 재판을 무사히 치루고 나오도록 특사령을 받아 주었습니다. 그는 호주머니에 사면장을 넣고 법정에 들어 갔습니다. 그의 생사에 대한 이야기가 거침없이 이야기되어도 그의 너무나 태연한 태도에 재판관과 온 법정안은 놀랐다고 말했습니다. 판결이 내리자 그는 사면장을 내보이고 자유인의 몸으로 놓여 나갔습니다. 그것입니다. 그렇다면 자, 죽음을 오게해 볼까요. 우리는 두려울 것이 없습니다. 세상의 모든 무덤을 파는 사람들이라도 영생을 파묻을 만한 크고 깊은 무덤은 팔 수가 없습니다. 세상의 모든 관 짜는 사람일지라도 영생을 가두기에 충분히 크고 튼튼한 관을 만들 수는 없습니다. 죽음은 한번 예수님을 붙잡았으나 두 번 다시는 결코 할 수 없습니다.

"나는 부활이요 생명이니 나를 믿는 자는 죽어도 살겠고 무릇 살아서 나를 믿는 자는 영원히 죽지 아니하리니"(요한복음 11장 25-26절)라고 예수님은 말씀하셨습니다. 그리고 요한계시록에 보면 승천한 구세주가 요한에게 말씀하시기를 "곧 살아 있는 자라 내가 전에 죽었었노라 볼지어다 이제 세세토록 살아 있어"(요한계시록 1장 18절) 죽음은 다시금 그를 건드릴 수 없습니다. 우리는 믿음으로 생명을 얻습니다. 사실상 우리는 아담이 잃은 것보다 더 많은 것을 얻고 있습니다. 왜냐하면 하나님이 보내신 대속죄자 예수님은 아담이 그의 낙원에서 가질 수 있었던 것보다 더욱 풍족하고 영광스러운 유산을 물려받은 상속자이기 때문입니다. 그렇습니다. 그 유산은 영원히 지속할 것이며 변할 수도 없는 것입니다.

나는 낙원에 살기 보다는 오히려 하나님 품안에 그리스도와 더불어 나의 생명을 깃들게 하기를 원합니다. 왜냐하면 아담은 몇 해 동안 낙원에서 살다가 죄를 짓고 타락하였기 때문입니다. 그러나 만일 이런 일이 믿는 자에게 실제로 일어났다 하더라도 그에게는 걱정이 없습니다. 우리에게 이것을 사실이 되게 하시고 헛된 이야기가 되지 않게 하여 주십시오. 하나님은 그것을 말씀하셨습니다. 그것으로 충분한 것입니다. 하나님을 믿읍시다. 비록 쫓을 수 없는 곳까지라도 내가 성경 보감(The Bible Treasury)에서 읽은 일이 있는, 다음의 간단하고 감명깊은 사건을 들면서 거기에 나타나는 어린 매기(Maggie)가 가졌던 확신을 우리 자신 속에도 생기 있게 되살려 보십시다.

매기의 이야기

내가 며칠 동안 집을 떠나 있었을 때 일입니다. 이제 겨우 혼자 앉을 수 있는 나의 어린 딸 매기가 나를 알아 볼 수 있는지 궁금하여 나는 집에 돌아온 후 매기를 시험해 보기로 하였습니다. 나는 매기에게 들키지 않게 매기를 볼 수 있는 곳에 자리 잡고 낮익은 목소리로 "매기!" 하고 불렀습니다. 매기는 가지고 놀던 장난감을 방바닥에 떨어뜨리며 방안을 두루 살폈으나 아무도 보이자 않자 떨어진 장난감만 물끄러미 내려다 보았습니다. 나는 다시 "매기!" 하고 이름을 불렀습니다. 매기는 한번 더 방안을 살폈으나 아버지의 얼굴을 볼 수 없으니 그만 낙심하여 장난감을 다시 만지작거렸습니다. 내가 세 번째 "매기!" 하고 불렀을 때 매기는 장난감을 떨어뜨리고 울음을 터뜨리고 소리 나던 쪽을 향하여 팔을 밀었습니다. 그는 비록 아버지를 볼 수 없었으나 음성을 잘 알고 있었기 때문에 아버지가 틀림없이 그곳에 있는 것을 알고 있었습니다.

여러분! 우리는 볼 수 있고 들을 수 있고 믿을 수 있는 능력을 가졌습니다. 믿지 못하겠다는 것은 우둔한 생각입니다. 믿자는 뜻만 있으면 믿게 됩니다. 대다수의 사람들은 느낀다는 것 믿는다는 것을 관련시켜 근심하고 있습니다. 느낌과 믿음은 전연 관계가 없습니다. 성경에 느끼는 사람이나 또는 느끼고 믿는 사람은 영생을 얻는다고 말한 곳은 없습니다. 나는 나의 느낌을 마음대로 할 수 없습니다. 만약 할 수 있다고 하면 절대로 병을 앓지 않고 두통이나 치통도 느끼지 않고 항상 기분이 좋을 것입니다. 그 대신 나는 하나님을 믿을 수 있습니다. 우리는 우리의 발을 믿음의 반석위에 올려놓기만 하면 아무리 의심과 공포의 물결이 몰려오고 에워싼다고 해도 하나님은 우리를 붙잡아 주십니다.

신앙의 올바른 태도

어떤 사람은 온종일 자기신앙을 바라보고 있습니다. 이것은 옳지 못한 일입니다. 신앙이란 축복 받은 손입니다. 많은 사람들은 언제나 그리스도를 붙잡게 되는 그 신앙이 과연 옳은 것인지 아닌지를 생각만 하고 있습니다. 가장 근본적인 문제는 우리가 그리스도를 올바르게 받아 들이고 있는지를 보는데 있습니다. 믿음은 영혼의 눈입니다. 시력이 완전한 동안에는 눈알이 옳은지 옳지 않은지를 보고서 뽑을 필요는 없습니다. 성한 눈을 뽑아서 병신을 만들 뿐입니다. 그러나 사랑하는 벗들이여, 구원의 방편이 되는 하나님의 말씀을 받아 봅시다. 진리는 아무리 단순해도 지나치게 단순한 일은 없습니다

뉴욕에 살고 있는 한 사람이 허드슨 강 연안에 별장을 소유하고 있었습니다. 겨울을 지내려고 가족이 그곳에 갔습니다. 그런데 마침 성홍열―목의 통증과 함께 고열이 나고 전신에 발진이 생기는

전염병으로 발진이 생긴 피부의 붉은색이 원숭이의 일종인 성성이의 색과 유사한 열병이라 하여 성홍열이라 명명하였다—이 그 지역에 발생하였습니다. 어린 딸은 병에 걸리지 않게 다른 방에 격리되었습니다. 할아버지는 매일 아침 회사에 가기 전 손녀에게 가서 "안녕"하고 인사를 했습니다. 한번은 어린 것이 노인의 손을 잡고 방 한구석으로 끌고 가서 아무 말 없이 마루위에 배열해 놓은 작은 비스킷들을 가리켰습니다. 거기에는 비스킷으로 "할아버지 물감상자를 사 주세요"라고 쓰여 있었습니다. 할아버지는 회사에서 집에 돌아올 때 외투를 팔뚝에 걸치고 평상시와 같이 손녀의 방에 들어갔습니다. 그때 어린 손녀는 자기가 청한대로 물감상자를 가지고 오셨나 보려고도 하지 않고 할아버지를 또 그 방 한구석에 끌고 갔습니다. 그곳에는 먼저와 같은 방법으로 "할아버지 물감 상자 감사합니다"라고 쓰여 있는 것을 볼 수 있었습니다. 할아버지는 무슨 일에나 그 어린 손녀를 실망시키지 않았을 것입니다. 이것이 신앙입니다.

신앙이란 하나님의 말씀을 받아들이는 것입니다. 어떤 증거를 구하는 이는 언제나 화를 못 면합니다. "하나님께서 이렇게 말씀하셨으니 그것을 믿습니다." 이런 태도가 필요합니다.

그러나 어떤 이는 "믿음이란 하나님의 선물"이라 하고 공기가 있으니 호흡할 수 밖에 없고, 빵이 있으니 먹을 수 밖에 없고, 물이 있으니 마실 수 밖에 없는 것이라고 말했습니다. 어떤 이는 일종의 기적적인 느낌을 바라고 있습니다. 그것은 신앙이 아닙니다. "믿음은 들음에서 나며 들음은 그리스도의 말씀으로 말미암았느니라" (로마서 10장 17절) 이것이 믿음입니다. 내가 가만히 앉아서 말씀을 받아 들이라는 말입니다. 믿을 만한 어떤 것이 없이는 믿을래야 믿을 수가 없습니다. 그래서 기록되어 있는 대로 말씀을 받아 들이고 그것을 내 것으로 만들고 꽉 붙잡아야 합니다.

"진실로 진실로 너희에게 이르노니 믿는 자는 영생을 가졌나니 내가 곧 생명의 떡이니라"(요한복음 6장 47-48절) 떡은 바로 손에 있습니다. 그것을 취하십시오. 내게는 우리 집에 떡이 수천덩이 있을 것이며 또 그만큼의 주린자가 기다리고 있습니다. 그들은 떡이 그곳에 있는 것은 인정할 지라도 그들 각자가 떡덩어리를 들고 먹기 시작하지 않고는 그들의 주림은 채워지지 않습니다. 그리스도는 하늘의 떡입니다. 육신이 자연의 음식물로 영양이 섭취되듯 우리들 영혼의 영양은 그리스도로부터 취해져야 하겠습니다.

신앙의 예증

물에 빠진 사람이 그의 생명을 구하는 줄이 던져진 것을 보면, 그것을 꽉 잡아야 할 것입니다. 어떤 사람이 병이 들었다면 그는 약을 먹어야 합니다. 가만히 보기만 하여서는 그 병을 고칠 수 없습니다. 요구하는 자가 그리스도를 믿지 않고 다만 그리스도의 지식만을 가지고는, 그가 원하는 대로 도움을 얻지 못합니다. 불뱀에 물린 이스라엘 백성이 높이 단 뱀을 믿었을지라도 쳐다보지 않았으면 그들은 살지 못했을 것입니다(민수기 21장 6-9절).

나는 어떤 정기 항로를 내왕하는 기선이 대양을 건널 수 있다는 것을 확신합니다. 왜냐하면 나는 시험해 보았기 때문입니다. 그러나 바다를 건너가고자 하는 어떤 사람이 나의 아는바 대로 행하지 않으면 그는 가지 못합니다. 이와 같이 우리도 예수님께서 아시는 대로 행하지 않는다면 우리에게 아무 도움이 되지 못합니다. 이것이 바로 주 예수 그리스도를 믿는다는 것이며 믿는 대로 행한다는 것입니다. 대서양을 건너는 기선 갑판위에 올라서는 것처럼 우리는 그리스도를 받아들여 우리의 영혼을 그리스도에게 맡겨야 하겠습니다. 그리스도는 그를 믿는 사람을 모두 돌보아 주시겠다고 약속하셨습니다. 주 예수 그리스도를 믿는다는 것은 단지 그리스도의 말씀을 받아 들인다는 것입니다.

chapter 09
마리아와 마르다

베다니의 마리아는 역사에서 가장 유명한 여성중의 한 사람이지만 그가 행한 일을 세상이 위대하다고 부르기에는 너무도 작은 것이었습니다. 나는 그의 입술에서 나와서 기록된 열 마디 말만을 발견할 수 있습니다. 우리들은 그가 아름다웠다든가 혹은 재간이 있었다는 말은 듣지 못했습니다. 그가 어떤 대학에 가 본 적도 없고 어떤 단 위에서 말해 본 적도 없었다는 것은 아주 확실합니다. 또는 그가 열심히 설교를 하고 성경반을 인도했었다는 것도 우리는 모릅니다. 그에게 관한 그런 종류의 것은 아무것도 기록되어 있지 않았습니다. 그러나 그는 역사에서 가장 유명한 여성 중 한 사람이라는 것입니다.

모든 공관복음 저자는 마리아에 관하여 말할 만한 것을 가지고 있습니다. 누가복음 10장에서 우리는 먼저 그를 찾아낼 수 있습니다. 2장에는 그리스도께서 그의 70명 제자들을 파견했습니다. 그들은 기쁨에 넘쳐 돌아오고 그는 그들의 정신을 점검하시고 그들의 이름이 하늘에 기록된 것을 기뻐하라고 그들에게 말씀하셨습니다. 조금 후에 선한 사마리아인의 이야기에서 종교의 실천적인 것이 나옵니다. 다음에 선한 사마리아인을 좋아하는 많은 사람들이 아마도 퍽 비실천적인 여자로 생각하는 마리아에 관한 이야기가 나옵니다.

베다니의 집은 우리들 첫 인상에 아주 수치스러운 장면을 보여줍니다. 마르다는 그의 동생에 대한 불평을 가져옵니다. 거기에 동류들이 모여 있는 광경 즉 예수와 그의 제자들이 마리아와 함께 앉아 있는 광경이 나타납니다. 그때 마르다는 동생에 대한 불평을 가진 채 급히 방에 나타납니다.

"그들이 길 갈 때에 예수께서 한 마을에 들어가시매 마르다 이름하는 한 여자가 자기 집으로 영접하더라 그에게 마리아라 하는 동생이 있어 주의 발치에 앉아 그의 말씀을 듣더니 마르다는 준비하는 일이 많아 마음이 분주한지라 예수께 나아가 이르되 주여 내 동생이 나 혼자 일하게 두는 것을 생각하지 아니하시나이까 그를 명하사 나를 도와 주라 하소서 주께서 대답하여 이르시되 마르다야 마르다야 네가 많은 일로 염려하고 근심하나 몇 가지만 하든지 혹은 한 가지만이라도 족하니라 마리아는 이 좋은 편을 택하였으

니 빼앗기지 아니하리라 하시니라"(누가복음 10장 38-42절)

이 집 없는 전도자는 이 집에 불을 켜러 왔습니다. 그리고 그는 이 집을 모든 인류역사에서 가장 유명한 집중의 하나로 만드셨습니다. 예수는 마르다를 책망하셨습니다. 나는 그가 마리아와 마찬가지로 예수를 따르는 사람이라고 조금도 의심치 않습니다. 그들은 둘 다 구세주를 사랑했습니다. 마르다는 그를 그의 집으로 모셔들였습니다. 그리고 그는 아마 그의 가족 중에서 예수를 처음으로 모셔들인 사람이었을 것입니다. 그러나 두 자매는 서로 다른 성격을 가지고 있었습니다. 한 사람은 선한 일을 하여 남을 섬기기를 원하였습니다. 그런데 또 한 사람은 그리스도를 더 잘 섬기기 위하여 그리스도로부터 구원받기를 원하였습니다. 이 두 자매 사이에는 또 다른 차이점이 있었습니다. 저는 이것을 제 자신의 생활에서 얻은 경험에 비추어 설명을 할 수 있습니다.

저는 전에 시카고 시를 지난 적이 있는데 그 때 어떤 유명한 분이 저에게 찾아와 테이블 옆에 앉아 이렇게 이야기를 꺼냈습니다. 그는 "무디 선생님 저를 좀 도와 주십시오. 저는 희망을 잃어버렸습니다"하고는 눈물을 뚝뚝 흘리는 것이었습니다. 저는 대답하기를

"뭣이요? 당신이 희망을 잃었다니 말이 됩니까?"

"안됩니다."하고 그는 말하였습니다.

"당신은 아직도 저 큰 주일학교의 교장이 아닙니까?"

"네, 그렇습니다."

"그리고 당신은 당신의 교회에서도 좋은 지위에 있지 않습니까?"

"네, 그렇습니다."

"무슨 큰 죄라도 당신의 생활 속에 들어와 당신을 주님으로부터 떼어 놓은게 아닙니까?"

"아닙니다."

"그렇다면"하고 저는 말했습니다. "도대체 무엇을 요구하시는 겁니까?"

"저-"하고 그는 망설였습니다.

"사실은 저의 처는 제가 가지지 못한 어떤 것을 가지고 있습니다. 제 처는 자신을 완전히 화평케 만드는 어떤 것을 간직하고 있습니다. 그런데 저는 저의 종교를 지키기 위해서 늘 참아야 합니다. 자, 선생님 어떻게든지 저를 좀 도와주시기 바랍니다."

하고 그는 말했습니다.

이것이 저 두 자매 사이의 차이점이었습니다. 둘 다 그리스도를 사랑하였습니다. 그러나 마르다는 화 잘내고 근심 잘하며 걱정을 잘하는 여인이었으며 가끔 신경질을 내곤 하였습니다. 여러분은 이런 사람과 친하고 있지 않습니까? 저는 우리들이 한 사람의 마리아에 대해서 천 사람의 마르다 같은 사람을 만난다고 생각합니다.

대단히 많은 사람들이 화를 좀 내는 정도는 별로 심한 짓이 아니라고 생각하고 있는 듯이 보이며, 자기 자신이 너무 피곤하여 과도하게 일이나 한 것처럼 핑계를 붙이려 듭니다. 저는 이것이 마르다의 경우에 있어서는 참말이라고 생각하여 조금도 의심치 않습니다. 상당히 많은 수의 크리스천들이 과로를 합니다. 그러나 그것이 성미를 부리는데 대한 변명은 전혀 되지 않습니다.

저는 사실 너무도 할 일이 많아서 작은 일을 귀찮게 여겨왔던 것을 고백합니다. 이것이 바로 마르다의 경우였습니다. 버릇이란 사람에게서 자라는 것입니다. 제가 알고 있는 어떤 기독신자들은 너무도 화를 잘 내고 참을성이 없어서 그들과 절친해지기가 대단히 힘듭니다.

어떤 어머니가 하루는 빵을 굽고 있었습니다. 그때 사랑하는 자기의 어린 아이가 테이블 위에 와서 양푼을 잡고 놀다 넘어뜨리는 바람에 반죽이 마루바닥에 흘러 내리고 말았습니다. 그 어머니는 그 아이를 때려 주었습니다. 그리고 늘 성가시게 군다고 말을 하였습니다. 그런데 겨우 몇 주일도 못되어서 그 아이는 병이 들었습니다. 그리고 그 아이가 정신 없을 때 헛소리로

"어머니, 저보고 천사가 되라는 것인가요?"

여러분은 그 어머니가 그렇게 모진 말과 화를 낸 행동에 대해서 자기 자신이 용서를 하였다고 생각하십니까?

저는 어떤 소녀에 대해 들은 이야기를 기억하고 있는데, 그 아이는 들로 나가서 들꽃들로 꽃다발을 만들었습니다. 그는 그 꽃을 어머니에게 갖다 드리고 싶었습니다. 아이가 집에 돌아 왔을 때에 어머니는 동네사람들과 이야기를 하고 있었는데 그 어린 것은 어머

니에게로 달려가서 말했습니다.

"엄마, 엄마, 이 꽃은 엄마거야!"

"쉬- 조용히 해-. 엄마가 지금 이야기 하고 있잖아!"

그러나 그 어린 것은 어머니 옷을 잡아 당기며 다시 말했습니다.

"이것들은 엄마거야."

그리고 그 어린 것의 마음은 자기가 엄마한테 꽃을 가져 왔다는 생각으로 기쁨에 가득차 있었습니다. 그 어머니는 소녀를 밀어 제쳐 놓았습니다. 그리고 그 아이가 울었다고 해서 골방에 가두고 벌을 주었습니다. 이것이 그 아이가 어머니한테 꽃을 갖다 준 것에 대해서 받은 보수입니다! 우리가 가끔 집에서 화내는 것은 과히 중요한 것 같이 보이지 않습니다. 그러나 이것은 우리 가정에 어떤 결과를 가져 오게 될까요?

부인의 죄

솔직하게 말씀드리면 이것이 부인들의 죄라고 저는 믿습니다. 우리들 남자들은 이것과 또 다른 많은 죄를 짓기 때문에 교도소들은 대부분 남자들로서 가득차 있습니다. 부인들은 남자보다도 더 많이 집안에 머물러 있으므로 부인들이 주로 죄 짓는 것은 가정생활에서입니다. 수많은 사람들이 이와같이 성미가 급하고 날카로운 말버릇이 있습니다. 여자의 입은 때때로 대단히 날카롭고 베는듯

하며 찌르는 것 같습니다. 저는 마르다가 이같은 잘못이 있었다고 믿습니다.

마르다가 남자들이 많이 모여 있는데 들어와서 마리아에 대하여 불평을 늘어 놓은 것은 대단히 불근신한 짓이었다고 믿습니다. 여러분은 마르다가 더 극기할 수 있어야 되었다고 생각지 않습니까? 마르다가 잘못된 것이 없는데도 책망을 하셨겠습니까? 이 책망은 약 2,000년을 내려오는 것입니다.

"마르다야 마르다야 네가 많은 일로 근심하는도다"

우리가 만약 하나님과 사람과 더불어 참 힘을 얻고자 하면 근심하는 것이라든가 화내는 일을 다 끊어 버려야 합니다.

어떤 신사들이 이 두 자매 중에 누가 더 좋은 아내가 될까 하고 논의를 하고 있었습니다. 그런데 그 중 한 사람이 말하기를 "만찬 전에는 마르다가 더 좋고 만찬 후에는 마리아가 더 좋다" 하였습니다. 나의 의견은 그들과 틀립니다. 저에게는 항상 마리아를 주십시오. 제가 만약 화내고 심술내는 여자가 만든 음식을 먹게 된다면 아마 그 음식은 거의 맛이 없을 것입니다. 저는 마리아가 모든 점에 있어서 훨씬 낫다고 생각합니다.

그리스도의 말씀을 듣기 위해 떠남

저는 마리아가 자주 그리스도의 말씀을 들으려고 성전으로 몰래 빠져 나가는 버릇이 있었다고 생각합니다. 그리스도가 그 도시에 왔을 때는 언제나 마리아는 그리스도에게 나왔습니다. 마르다는 늘 이의를 가지고 있었습니다. 그리고 이렇게 말하였을 것입니다.

"월요일이구나. 오늘은 빨래하는 날이다. 어쨌든 오늘 빨래를 다 해치워야 해"

그러나 마리아는 이렇게 말하였을 것입니다. "그리스도는 여기 오래 머물지 않을 것입니다. 그리스도는 곧 예루살렘을 떠나실 것이니까 나는 가서 그리스도로부터 얻을 수 있는 것을 다 얻어야 겠습니다"

어쩌면 마르다가 일하고 있던 것은 월요일이었겠고 마리아는 성전으로 몰래 빠져 나갔다가 돌아와서는 마르다에게 그리스도가 하신 말씀을 해주었을 것입니다.

"수고하고 무거운 짐진자는 다 내게 오너라 내가 너를 편히 쉬게 하리라" 이것이 빨래하는 것보다 더 낫지 않습니까? 저더러 선택을 하라고 하면 이렇게 복된 말씀의 잔치를 얻을 수 있다고 한다면 빨래는 좀 미루어 두라 하겠습니다.

그 다음 화요일이 되었습니다. 다림질하는 날입니다. 마르다는 또 이의를 말했습니다. 그러나 마리아는 기어이 나가야 합니다. 그는 할 수 있는 한 모든 것을 얻어야만 하였습니다. 그는 깊이 마시려 하였습니다. 왜냐하면 그는 그것이 필요하였기 때문입니다. 여러분이 하실 수 있을 때 그리스도의 충만함을 마실 수 있다는 것은 위대한 일입니다. 그리하여 여러분이 은혜가 필요할 때가 오면 가질 수 있게 되며, 여러분의 마음은 완전한 화평과 완전한 휴식을 지킬 수 있는 것입니다.

저는 마리아가 꾀를 부리는 자라고 생각지 않습니다. 예수님은 사람들을 게으르게 만드시지도 않았고 또 그렇게 하시지 않을 것입니다. 아마도 마리아가 성전에서 돌아와서는 늦게까지 자지 않고 마르다의 바느질을 도왔을 것이며, 또 아침 일찍이 일어나서 다리미질도 하였을 것입니다. 저는 마리아가 그리스도를 따른다고 해서 마르다를 괴롭혔다고 믿지 않습니다. 여러분이 만약 참으로 주님을 섬긴다면 여러분은 주위에 있는 사람에게 괴로움을 끼치지 않으며, 모든 일에 있어서 여러분이 할 수 있는대로 그들을 돕고 일을 덜어 줄 것입니다. 저는 이점에 관해서 모르간(Mr. Morgan)이 한 말에 동의합니다. 그는 말하기를 39절에 있는 - "그도 역시 예수의 발아래 앉았더라" - 의 "그도 역시"는 마리아가 자기가 맡은 바 일을 다 하고 거기에 부가해서 주의 발아래 앉았던 것을 의미하는 것이라 하였습니다. 마리아는 어쩌면 자기 일을 부지런히 해 치우고 주님과 같이 있을 시간을 만들려 하였을 것입니다.

과로의 위험

이제 또 한 가지가 있습니다. 마르다는 단지 과로를 하였을 뿐 아니라 자기 건강에 조심하지 않았을 것입니다. 어떤 사람은 주님의 일에 너무 재미가 나서 규칙적으로 먹지도 않고 마시지도 않습니다.

저는 오래간만에 아주 바짝 마른 선교사 한 분을 만났습니다. 그 선교사는 마치 이 세상에 한 사람의 친구도 없는 듯이 보였고 거의 다 죽게 되었습니다. 저는 이렇게 말을 했습니다.

"저는 당신이 당신하는 일에 축복받은 줄 압니다."

"네, 그렇구 말구요. 참 복받은 사업입니다." 하고 그는 대답하였습니다.

"저는 당신이 그 사업을 즐기실 줄 압니다."

"네" 하고 그는 대답하고 "그러나 저는 너무 피곤합니다"

"뭐라고요? 그 사업에 지치셨나요? 그 사업을 하느라고 피곤하신가요?"

"오- 절대로 사업에 지친 것은 아니지요. 그 사업을 하느라고 지친 것이지요"

저는 이렇게 말했습니다.

"저는 그리스도가 아무리 엄한 주님이실지라도 하나님의 자녀들이 다 지쳐 버리기를 원하시지는 않는다고 생각합니다. 당신은 7일 중에 하루는 쉬십니까?"

"아- 아니요. 저희들은 그런 것을 생각조차 못합니다. 저희들 열 세 사람은 대단히 부유한 부인에게 고용되고 있는데, 그는 우리들이 주님의 사업을 하고 있기 때문에 육신의 휴식은 취할 필요가 없다고 생각하고 있습니다."

이것은 대단히 큰 잘못입니다. 이 부인은 하루에 13시간 또는 14시간씩 일주일 곧 7일간 일을 하였습니다. 그래서 그의 육신은 완전히 피곤하여 버렸습니다. 육신이 피곤해 지면 마음도 피곤해지며 그렇게 되면 우리들은 화를 내기 쉽게 됩니다. 그래서 우리들이 육신을 돌본다는 것은 대단히 중요한 것입니다. 사람들이 단순히 음식과 수면의 부족 때문에 종종 신경질을 냅니다. 여러분은 엘리야가 로뎀나무 아래 몸을 던지고 죽기를 원했던 일을 기억하십니까? 그는 이 땅 위에 있던 하나님의 표현자였으며, 그 때 이 땅 위에 있던 어느 누구보다도 하나님의 보좌에 더 가까이 서 있던 사람이었는데 거기서 죽기를 원하고 있던 것입니다. 천사 한 사람이 와서 그를 깨우고 "일어나서 먹으라"하고 말하였습니다. 그리고 돌 위에는 떡이 있었고 병에는 물이 있어서 그는 일어나서 먹었습니다. 엘리야는 먹고 기운을 차리고 나서는 또 다시 잠이 들어 버렸습니다. 그는 아마 여러 날 동안 잠을 자지 못하였으며 먹지도 못하였고 대단히 열중하고 있었을 것입니다. 주님께 대한 열중은 그를 쇠약하게 했습니다. 그는 또 한잠을 잤습니다. 그리고 또 천사가 와서 "일어나서 먹으라" 말하였고 일어나 보니 벌써 먹도록 준비된 떡과 병에 물이 있었습니다. 하나님은 그 때 그를 질책하지 않았습니다. 또 그때 그를 시험하지도 않았습니다. 하나님은 그를 먹이시고 쉬게 하시고 그가 일어나 호렙으로 들어 갔을 때 주님은 이렇게 말씀하셨습니다. "엘리야야 너는 여기서 무엇을 하고 있느냐?" 그리고 하나님은 그를 손에 잡으시고 그와 상관하셨습니다. 그러나 하나님은 먼저 그를 먹이시고 휴식을 주셨습니다.

저는 크리스천들이 대단히 자주 음식과 수면이 필요할 때는 신경질을 내는 것같이 생각됩니다. 요즘처럼 바쁘고 소란한 세대에서는 사람들이 음식과 휴식 없으면 못사는 것같이 생각합니다. 이것은 마치 마르다와 같습니다. 그는 온 집안이 그에게 달렸다고 생각하였으며, 모든 일은 제 때에 다 해치워야 된다고 생각하고 있었습니다. 그래서 예수님이 그의 집에 왔을 때도 주님은 온 베다니에서 대접할 수 있는 것들 중 가장 좋은 정찬을 잡수셔야 하였으며, 마르다가 정찬을 준비 하노라고 화를 내며 근심을 하고 있는 동안 마리아는 주님 발 아래 그저 앉아서 그의 마음의 기운을 다시 차리기까지 주님의 완전함을 배우고 있었습니다.

여러분이 마음속에 간직해 두어야 할 두 가지 위험한 일이 있습니다. 여러분이 만약 활동적이기만 하고 영교를 하지 않으면 얼마 오래지 않아서 여러분은 마르다의 상태에 들어가게 됩니다. 틀림없이 여러분은 그렇게 되며 이것은 불가피한 것입니다. 그리고 영교만 하게 되면 실제적인 면은 무관하게 되기 쉽습니다. 이것은 또 하나의 위험입니다. 우리가 만약 진정한 화평과 기쁨을 원한다고 하면 우리는 이 두 가지를 다 지켜야 합니다. 우리는 실제적이면서

동시에 영교를 가져야 합니다. 저는 세상 어느 곳에서도 영교를 무시하고도 오랫동안 성공하였다는 기독교 사업가를 아직 만나 보지 못하였습니다. 여러분이 매일 홀로 떨어져서 얼마동안 하나님과 교통하는 시간을 갖는다고 해서 하나도 손해날 것은 없습니다. 그렇게 함으로써 여러분은 힘을 얻고 능력을 얻을 수 있습니다.

그리고 이것은 남과 떨어져서 기도하러 가는 것이 아닙니다. 어떤 사람들이 저에게 이런 말을 했습니다.

"무디 선생님, 저는 기도를 하는데 5분만 하고나면 저의 마음은 방황하기 시작하며 산지사방으로 흩어져 버립니다. 저는 한번에 4~5분 이상 기도를 하고 제 마음을 가다듬을 수 없습니다."

자, 여기에는 그것보다 더 높은 어떤 것이 있지요. 우리들이 진실로 영교할 때는 단지 우리가 하나님께 말하는 것 뿐 아니라 하나님도 우리에게 말씀하시는 것입니다. 여러분은 모세가 산위에 올라가 40주야를 그저 하나님께 기도만 하고 있었다고 생각하십니까? 여기에 견딜 육체는 없는 것입니다. 저는 모세가 그 40주야 동안 하나님께 무수한 질문을 하였다고 생각되며 하나님이 또 수많은 대답을 주셨을 줄 압니다. 만일 하나님이 저를 산에 데려 가시고 저와 이야기 하신다면 저도 하나님께 많은 질문을 할 줄 생각합니다. 그리고 저는 이 40일간 모세가 하나님께 무수히 질문을 하였고 하나님이 모세에게 대답하시며 그를 하나님의 거룩한 장막으로 인도하사 그에게 세계역사를 말하여 주신 것을 의심치 않습니다.

그 얼마나 귀한 밤과 낮이었겠습니까? 모세가 산에서 내려올 때는 그의 얼굴에서 빛이 났습니다. 모세의 얼굴은 하늘나라의 영광으로 빛이 난 것입니다.

저는 마리아가 예수님께 수 없이 질문을 하였으며 예수님은 그에게 수없이 많은 오묘한 진리를 가르쳐 주셨으리라고 믿습니다. 어쩌면 마리아는 제자들도 알 수 없었던 것을 많이 배웠을 것입니다. 모든 제자들은 어떤 분이 말한대로 그리스도에게 대단히 가까웠습니다. 그러나 그중 주님이 보내신 70명은 다른 제자들보다 더 주님께 가까웠으며, 70명보다는 열두 제자들이 더 가까웠으며, 그보다도 베드로와 야고보와 요한은 열두 제자 가운데 더 주님께 가까웠습니다. 그러나 저는 마리아는 다른 어느 누구보다도 주님께 가까웠다는 생각을 가지고 있습니다. 이 제자들은 항상 누가 가장 훌륭한가라는 문제를 논의하고 있었습니다. 그러나 마리아는 가장 훌륭한 사람이 되는 것에는 아무 생각도 하지 않았습니다. 예수님의 생각에는 마리아가 가장 훌륭하였을는지 모릅니다. 왜냐하면 그는 그저 아이들같이 주님 발아래 앉아서 주님에게서 배우고 주님이 하라는대로 하기를 좋아한 까닭입니다.

고통중의 마리아

마리아가 예수님과 친교함으로 그는 주님의 마음 속에 아주 가까워져서 고통이 올 때에 그는 어디 가서 위로를 받을 것인가를 알고 있었습니다. 수많은 사람들이 번창할 때에 이 비밀을 배우지 못하여, 큰 파도가 그들 주위에 일기 시작하면 그들은 어디로 돌아서야 좋을지를 알지 못합니다. 이 지구 위에서 가장 어둡고 가장 가련한 곳은 제 생각에는 죽음이 들어와 있고 그리스도를 알지 못하는 가정입니다. 그들은 부활의 희망이 없고 앞으로 올 밝은 날의 희망도 가지고 있지 않습니다.

저는 나사로가 어떤 날, 머리가 타듯 뜨거운 열병에 걸려서 집에 들어오며 그의 두 누이에게 이렇게 말하는 것을 상상할 수 있습니다. "열병에 걸린 것 같아요" 아마도 그 열병은 얼마 전에 그들의 부모를 데려간 병인지도 모릅니다.

그의 두 누이들은 크게 경계를 하기 시작하였습니다. 그 열병을 없애기 위해 온갖 수단을 다 해 보았으나 다 헛수고였을 것입니다. 그래서 그들은 예루살렘으로 그들의 가정 의사를 데리러 사람을 보내어 보기도 하였으나 이 방법 역시 실패하고 말았습니다. 드디어 의사가 병실에서 나오며 "이 길을 걸어간 사람이 많습니다" 하고 머리를 흔들며 말을 합니다.

"희망이 없습니다."

나사로는 그들을 세상에 남기고 떠나려 하고 있습니다. 그런데 마리아의 첫 생각은 나사렛 예수가 어디 계신가 하는 것이었습니다. 바로 그 시간처럼 주님이 필요하였던 때는 없었습니다.

조나단 에드워드(jonathan Edwards)는 천연두에 감염되었을 때 "나의 옛 친구 나사렛 예수는 어디 계십니까?"라고 하였습니다.

친구들이여, 여러분이 주님이 필요한 때가 가까워 오고 있습니다. 이것을 분명히 기억해 두십시오. 여러분은 지금 그리스도 없이도 잘 살아갈 줄 생각할지 모르지만 확실히 그리스도가 필요한 때가 돌아옵니다. 마리아와 마르다를 주님이 위로해 줄 시간이 다가왔던 것입니다.

그들은 사람을 보내어 예수님을 찾게 되었습니다. 어쩌면 예수님을 부르러 간 사람이 떠난지 두 시간도 못되어 나사로는 죽었을 것입니다. 그 더운 나라에서는 죽은 자는 그날로 장사를 지내게 되어 있었습니다. 제가 예루살렘에 갔을 때 아침에 죽은 자를 오후에 파묻는 것을 보고 대단히 놀랬습니다. 가끔 어떤 삶은 아침에는 분명히 무척 건강하다가도 그날 밤에는 무덤에 들어가는 수가 있습니다. 그 두 누이들은 나사로가 죽자 그의 마지막 말을 들었습니다. 그는 아마 그리스도에 대한 말을 하였을 것입니다. 누이들은 그의 얼굴에 마지막 키스를 해 주었습니다. 그리고는 그를 무덤에 가져가고 사람들이 무덤의 돌문을 여는 것을 보았습니다. 그리고는 슬픔에 잠겨 텅 빈 것 같은 집으로 돌아갔습니다. 그들은 얼마나 그리스도가 오시기를 고대하였을 것입니까? 하루의 낮과 밤이 지났습니다. 그런데 예수님은 나타나시지 않았습니다. 이틀째 사흘째 낮과 밤이 지나도 예수님은 나타나시지 않았습니다.

가정에 죽음이 들어오면 우리들은 원거리에 있는 가족들이 빨리 와 주기를 얼마나 고대합니까? 또 우리들은 그 시간에 얼마나 그들의 동정과 위로를 요구합니까? 나흘째가 되었습니다. 그리고 사자는 돌아왔습니다. 얼마나 그 누이들은 그가 예수를 만났는지를 물었겠습니까?

"네, 예수님을 뵈었습니다."

"어디서?"

"요단강 건너 요한이 늘 세례 주던 곳에서 만났습니다"

"그래, 나사로가 병들었다고 예수님께 말씀드렸습니까?"

"네, 제가 예수님께 나사로가 대단히 위독하여 살 것 같지 않다고 말씀드렸습니다."

"그래, 예수님이 무어라고 말씀하십디까?"

"그 병은 죽을 병이 아니라고 말씀하시더군요"

"오신다고 그러십디까?"

"아니요, 그때 전도만 계속하시던데요"

"슬퍼하시는 것 같읍디까?"

"아니요."

"그럼, 관심은 가지고 계시는 것 같습디까?"

"아니요, 그저 그 병은 죽을 병이 아니라고 말씀하시던데요"

그 두 누이들 얼굴에는 이상한 표정이 흘렀습니다. 어쩌면 그 누이들이 자기들만 있게 되었을 때 마르다가 마리아에게 이런 말을 하였을 것입니다.

"우리가 그 전도자에게 속을 수도 있을까? 만약 엘리야나 엘리사 같으면 소식이 가기 전에 이미 나사로가 죽었다는 것을 알았을 텐데, 그런데 예수님은 나사로의 병이 죽을 병이 아니라고 말씀하시거든"

그래도 그들은 예수님이 오시기를 기다렸습니다. 밤이 되어서도 그들은 예수님의 발자국 소리가 들리기를 기다렸습니다. 그러나 나흘째 밤도 그저 지나가 버렸습니다. 그리고 닷새째 아침 동이 텄습니다. 그래도 예수님은 나타나시지 않았습니다. 한 시간이 마치 하루나 되는 것처럼 길었을 것입니다.

그런데 아마 오후 네 시쯤 되어 해가 예루살렘의 건물들 뒤에 넘어가며 기다란 그림자를 베다니에 던지고 있을 즈음 갑자기 예수님이 제자들과 함께 요단강변 골짜기를 지나 나타나셨습니다. 어쩌면 조그만 아이가 처음으로 마르다의 집에 들어와서 예수님이 오신다고 마르다에게 말했을 것입니다. 그런데 마르다는 그때 예루살렘으로부터 그들과 같이 울어 주기 위해 와 있던 조객들의 저녁을 준비하고 있었을 것입니다.

마르다는 마리아를 부를 사이도 없이 뛰어 나가서 주님을 보고 말했습니다.

"만약 주님이 이곳에 계셨더라면 제 동생 나사로는 죽지 않았을 것입니다."

"그렇다. 그러나 너의 동생은 다시 살아나리라"

"네, 저도 그가 대단히 좋은 동생이었기에 의인들이 부활 할 때는 다시 살아날 줄 알고 있습니다."

"내가 부활이요 생명이니라"

나사로의 부활

그리고 저는 그리스도가 주위를 돌아보시며 약간 실망 하신 듯이 마르다에게 말씀하신 줄 생각합니다.

"마리아는 어디 있느냐? 가서 마리아를 불러 오너라"

마르다는 집으로 돌아가서 마리아에게 말했습니다.

"주님이 오셔서 너를 부른다."

마리아는 곧 일어나서 나가 주님을 보고 마르다가 말한대로 그 열 마디를 합니다.

"주여, 만약 주님이 여기 계셨더라면 나의 동생은 죽지 않았을 것입니다."

그러나 그는 울고 있었습니다. 그리고 그의 눈물은 주님의 가슴을 아프게 하는 것같이 보였습니다. 그래서 주님도 그와 같이 우셨습니다. 아! 그리스도가 우리들의 병약한 느낌을 같이 느낄 수 있다는 사실과, 또 그리스도가 베다니에서 그 두 누이들과 같이 울으셨다는 사실은 우리들에게 얼마나 큰 위로를 주는 것입니까? 주님이 나사로의 사체를 어디다 두었느냐고 물었을 때 그들은 무덤 있는 곳을 주님께 가르쳐 드렸습니다. 그러나 나사로가 다시 일어나리라고는 생각지 못하였습니다. 하지만 주님에게는 죽음을 이기는 권세가 있었습니다.

그리고 주님은 그저 말씀만 하시면 다 되었습니다. 그래서 주님의 옛 친구 나사로는 주님의 목소리를 알아 들었습니다. 그리고 그 무덤에서 걸어나와 베다니의 자기 집으로 돌아갔습니다. 그 얼마나 즐거운 밤이었겠습니까? 저는 가끔 그 가정을 상상해 보았습니다. 마르다는 아직 시중을 들고 있으며 마리아는 아직 말씀을 듣고 있고 그리고 얼마나 마리아는 그 시간에 주님의 입에서 나오는 말씀을 귀하게 마셨겠습니까?

위로하시는 그리스도

그러나 지금 이곳의 광경은 달라집니다. 그리스도는 그에게 고통이 있을 때 도와주고 위로해 주시기 위하여 오셨습니다. 그 후 마리아는 그리스도가 고통을 받고 계시는 시간에 그리스도를 찾았습니다. 이 생각을 여러분 집으로 가지고 가십시오. 여러분이 그리스도를 위로해 줄 수 있다는 생각을 해 보신 적이 있습니까? 우리는 항상 그리스도가 우리를 위로해 주시기만 바랍니다. 그러나 제가 믿기에는 우리들 하나하나가 만약 마음만 먹으면 그리스도를 위로해 드릴 수 있는 점도 있다고 봅니다. 마리아는 그리스도가 주검에서 다시 일어나신다는 생각을 자기 마음속에 받아들이지는 못하였을 것입니다.

그래도 적어도 그는 주님이 다시 산다고 생각하였더라면 그는 사흘째 아침 일찍이 무덤에 갔을 것입니다. 로마 병정들도, 이 지구 위의 어떤 권세도 그의 사랑이 넘친 마음을 무덤에 오지 못하게는 않았을 것입니다. 그러나 그는 주님이 돌아 가시리라고만 믿었기 때문에 향유가 든 옥합을 가져다가 깨뜨려서 주님에게 부었던 것입니다.

예수님이 사양할 수 없었던 두 가지 선물

여러분은 하나님의 아들이 이 세상에 계실 때 선물을 받고도 사양하지 아니하셨던 것이 두 가지 있었다는 사실을 생각해 보신 일이 있습니까? 우리들은 누가복음 제 7장에서 어떤 가난한 여인이 예수님께 옥합을 들고 나와 주님에게 기름을 넣었다는 이야기를 읽어볼 수 있습니다. 여기서는 마리아가 역시 옥합을 들고 와 깨뜨려서 귀한 기름을 주님께 부었습니다. 제자들은 화를 내었으며 잘못된 것을 발견하였다고 생각했습니다. 제가 기독신자가 되고 가장 잘한 일은 비난을 받아 왔다는 사실입니다. 사람들은 저의 잘못을 발견하고 심지어는 종교 신문에서 까지 제가 가장 잘 해 놓은 일에 대해서 공격을 해 왔습니다. 제가 죽고 없어지면 사람들은 이것을 알게 될 것입니다. 여러분이 그리스도의 일을 하고 있을 때 그리스도의 제자들이 여러분에게 화를 내며 신랄한 말을 하는 것은 대단히 견디기 힘든 일입니다. 마리아가 그의 옥합을 깨뜨려서 예수님의 발에 부었을 때 제자들 중에는 화를 내는 사람이 많았습니다. 그 중에도 제일 많이 화를 낸 사람은 자기의 주를 이미 팔기로 계획하고 있던 배반자 유다였습니다.

그는 그 때 그들의 재무를 맡은 자였습니다. 마리아는 그를 대단히 감화 깊은 사람이라고 생각하였습니다. 그리고 틀림없이 자기 자신보다 더 높게 존경하였습니다. 마리아는 자기가 주님의 제자 중에 제일 낮은 자라고 생각하였습니다. 그러나 감사하게도 그에게는 사랑이 흘러 넘쳐서 그 옥합을 깨뜨리고 기름을 주님에게 발라드렸습니다.

사무엘이 다윗에게 기름 부은 것은 대단한 일이었습니다. 그러나 마리아가 그렇게도 향기롭고 값비싼 기름으로 그리스도에게 기름 부은 것처럼 고귀한 기름부음은 없었습니다. 제자 중의 한 사람이 그 기름 값을 계산해 보았습니다. 그리고 그 기름은 300냥 어치의 값이 있다고 말했습니다. 한 냥이면 사람 한 명을 종일 고용할 수 있었습니다. 그러니까 한 파운드의 기름이면 일년동안의 품값에 해당합니다. 그러나 예수님은 그 값을 다르게 계산하셨습니다.

사망 전의 선물

저는 상상하기를 마리아가 만약 예수님이 죽기까지 기다린다면 그의 몸에 기름을 바를 기회는 없으리라고 생각하였을 것입니다. 그래서 마리아는 주님이 죽기 전에 그의 몸에 기름을 바르려고 했습니다. 여기에는 배울 교훈이 있습니다. 우리들은 상을 당한 가족에게 얼마나 친절하며, 생각을 해주며, 죽은 자를 위해 얼마나 좋은 말을 하여 줍니까? 그들이 죽기 전에 이러한 말을 몇 마디 해주는 것은 더욱 좋지 않겠습니까? 또 그 사람이 죽기 전에 꽃다발을 좀 갖다 주었으면 죽은 후 그의 관을 꽃다발로 채워 주는 것보다 더욱 좋지 않겠습니까?

마리아가 예수님이 처참한 어둠속에 들어가시려 하고 십자가의 그림자가 이미 주님 앞에 가로 놓여 있을 바로 그 때에 와서, 주님의 장사를 위하여 기름을 발라 준 것은 대단히 훌륭한 일입니다. 요한은 말합니다. "그리고 나서 마리아는 대단히 값진 감람유 한 파운드를 가져다가 예수의 발에 바르고 그의 머리털로 닦았더니 온 집안이 그 향내로 가득 차 있더라"

온 집안이 향기로 가득 찼습니다. 그 집 뿐만 아니라 예루살렘에 가득찼으며 예루살렘 뿐만 아니라 유대 지방에 향기가 가득 찼으며, 온 팔레스틴 뿐만 아니라 감사하게도 전 세계에 그 향기가 가득찼으며 아직까지 조금도 그 향기가 없어지지 않았습니다. 저는 그 향기로운 냄새가 그대로 하늘에 올라간 줄 믿습니다.

그것은 마리아가 가장 잘한 행동이었습니다. 만약 그가 열두 제자에게 물었다면 모두 하나 같이 "아니요. 그것은 낭비입니다. 그 돈을 가져다가 불쌍한 사람에게 주시오."라고 하였을 것입니다. 그러나 감사하게도 마리아는 잠깐 불쌍한 사람들을 잊었고 주님의 제자들도 잊었으며 자기 자신까지 잊었는데, 그저 사랑이 쏟아져 나와 그가 가지고 있던 가장 귀한 물건을 주님을 위해서 성의껏 썼습니다. 이 사실에 관련되는 구절이 하나 있습니다.

그것은 마가복음에 있습니다. "그 여자는 그가 할 수 있는 것을 하였노라 그는 나의 몸을 장사 지내기 위해 기름을 바르러 왔느니라" 하나님은 사람에게 이보다 더한 것을 하라고 요구 하시지는 않습니다. 그러나 모든 남자나 여자가 만일 그들이 할 수 있는 일을 한다면 우리들은 일상생활에 있어서 얼마나 유익한 일을 많이 해 놓게 될까요! 천사는 이보다 더 많은 일을 할 수 있습니다.

믿음이 깊은 인도 선교사 콤 스톡(Com Stock) 부인에 관한 이야기가 있습니다. 그는 자기 아이들을 미국으로 보내기 위해 기선으로 데려 왔습니다. 그 부인은 아이들을 인도에서 교육할 수 없었습니다. 그래서 아이들 모두는 어머니를 떠나 미국으로 돌아오게 되었습니다. 그 부인은 아이들이 출생한 이후 한번도 그 아이들과 떨어진 적이 없었습니다. 그 기선의 선장이 그 부인에게 와서 말했습니다.

"콤 스톡 부인님, 말씀드리기 참 미안하오나 이제는 발판을 걷어야겠습니다. 해안으로 올라가셔야겠습니다."

그 부인은 무릎을 꿇고 외쳤습니다.

"주 예수님, 저는 이것을 당신을 위해 합니다"

사람들은 가장 훌륭한 역사는 기록되지 않았다고 말합니다. 정말 아직 쓰여지지 않았습니다. 이것은 역사가가 알아 차리기에는 너무도 적은 일일 것입니다. 그러나 그리스도를 위해 사업을 하는 동안 자기 아이들과 떨어져서 이 나라(미국)로 돌아오는 것을 즐거이 견디기로 하였던 것입니다.

선교사의 아들

상당히 오래 전에 제가 서부에 갔을 때 어떤 가정에 머물게 되었습니다. 그 집에서 약 열세 살쯤 되는 명랑한 소년이 있는 것을 보았습니다. 그 소년은 그가 살고 있는 집의 성을 가지고 있지 않았는데 마치 가족인양 이야기를 하고 있었습니다. 저는 그 집 주인에게 그 소년이 누구인지 물었습니다.

"그는 어떤 선교사의 아들입니다. 저 아이의 부모는 아이들을 인도에서 교육할 수가 없어서 본국으로 왔습니다. 그러나 그들은 이미 인도의 언어를 배워서 그냥 미국에 머물러 있는 것이 옳지 않다고 느꼈습니다. 그래서 남편은 말했습니다. '당신은 여기 머물러서 아이들 교육을 시키시오. 나는 인도로 돌아가겠소.' 그 어머니는 말했습니다. '아니요. 하나님은 아직까지 나를 당신과 같이 쓰셨습니다. 그러니까 우리는 같이 가야 합니다.' '그러나' 하고 아버지는 말했습니다. '당신은 아이들을 떼어 놓을 수 없잖소? 당신은 이 아이들을 낳은 후 한 번도 떼어 놓은 적이 없지 않소?' 그 부인은 말했습니다. '주님이 만일 원하신다면 그리스도를 위해 할 수 있습니다.' 그들은 이것을 위해 기도를 하고 신문에 광고를 내어 자기들은 인도로 선교사업을 하러 떠나가니 기독신자들이 자기 아이들을 데려다가 교육시켜 달라고 하였습니다. 그래서 제가 그 광고를 보고 한 아이를 데려다 그리스도를 위해 키워 줄 수 있다고 편지를 썼습니다." 여주인은 이렇게 설명을 계속했습니다.

"이 아이의 어머니가 저의 집에 와서 일주일을 머물면서 모든 것을 관찰하였습니다. 그는 저희 가정의 규율과 가정교육을 치밀히 보고난 다음 자기 아이를 데려다 놓아도 안전하다는 것을 확신하였습니다. 그래서 출발 일자를 정하였습니다. 이 아이의 어머니 방은 제방과 붙어 있었는데 그가 출발하게 되었을 때 저는 그가 기도하는 소리를 들었습니다. '주 예수여, 사랑하는 아들을 눈물로 헤어지지 말고 웃음으로 헤어질 수 있도록 도와 주시옵소서. 저는 당신이 필요합니다. 저는 제 아들이 저를 마지막 볼 때 제 눈에 눈물이 있는 것을 보기를 원치 않습니다. 하나님이시여, 저를 도와주시고 저에게 힘을 주시옵소서' 그리고 나서 그 어머니는 아래층으로 내려와서 자기 아들을 가슴에 꼭 껴안고 눈물을 흘리지 않고 웃음을 그 얼굴에 띄우며 입을 맞추어 주고 떠나갔다."고 말했습니다.

그는 다섯집을 똑같이 다녀 갔습니다. 그리고 인도로 돌아갔습니다. 그러나 일년밖에 살지 못하고 주 예수 그리스도를 만나러 천당에 올라갔습니다. 제가 몇 해 전에 하트포드(Hatrhord)에서 전도를 하고 있었는데 그 곳에서 어떤 젊은 청년이 매일 저녁 길거리에서 불량배들을 불러 모아 가지고는 제 전도회에 데려오고 있었습니다. 그는 그 불량배들을 자기 둘레에 앉혀 놓고는 제 설교가 끝나면 그들을 그리스도에게로 인도하려고 무척 애를 쓰고 있었습니다. 저는 대단히 기뻤습니다. 그는 신학교에 다니고 있노라고 설명해 주었습니다. 저는 그가 인도의 선교사의 다섯 아들 중의 하나임을 발견하였고, 다섯 아이들이 모두 인도로 돌아가서 자기 부모가 남겨 놓은 사업을 맡아서 계속 하려고 한다는 것을 알았습니다. 이러한 이야기가 역사책에는 기록되어 있지 않습니다. 그러나 하늘에는 다 알려져 있습니다.

천당에 올라간 마리아

저는 베다니의 마리아가 천당에 들어갔을 때 아무런 소란도 없었으리라고 생각합니다. 그는 기독교 역사에 있어서 수 많은 그 어떤 여자보다도 아직까지 높은 자리에 서 있습니다. 하와나 아브라

함의 처 사라보다도 높고 리브가나 라헬이나 그 외 수 많은 다른 사람보다 높습니다. 저는 마리아가 보좌에 갔을 때 예수께서 일어나시며 말씀하시는 광경을 볼 수 있습니다.

"아버지, 이 사람이 저의 장사를 준비하기 위해 저에게 기름을 발라준 마리아입니다"

저는 마리아가 자기의 일을 바울과 같이 충실히 하였다고 믿습니다. 우리들은 책을 통하여 우리가 듣지도 못하였던 사람들이 온 세계에 걸쳐 이름이 알려져 있는 많은 사람들보다도 더 훌륭한 사업을 완성해 놓은 것을 찾아 볼 수 있습니다.

오- 하나님이여 저희들을 잊게 하시고 홀로 당신을 위해 직접 일할 수 있게 하여 주소서! 사람들이 하는 이야기에는 상관치 마십시오. 제자들이 말하는 것에도 상관치 마십시오. 그들은 마리아에게 화를 내었습니다. 그러나 그리스도는 마리아를 기뻐하셨습니다. 우리는 주님을 기쁘게 하여 드립시다.

여러분, 저는 가끔 이 마리아와 같은 여자들을 만납니다. 이들은 저의 마음을 새롭게 하여 줍니다. 웰러스레이(Wellesley)에 한 여자가 있었습니다. 그는 웰러스레이 대학을 졸업하기를 대단히 희망하고 있었습니다. 그러나 그의 아버지가 세상을 떠났을 때 그는 곧 그 대학을 나와 사범대학교에 가서 그의 두 동생들을 학원과 대학에 보냈습니다. 그는 자기 두 동생이 다 성직을 맡게 될 때까지 15년간을 대학에 가지 못하였습니다. 그리고 나서 그는 다시 웰러스레이 대학에 돌아가서 자기 학과과정을 마쳤습니다. 이러한 일을 할 수 있는 여자에게는 모든 영예를 줄 수 있습니다.

제가 상상해 볼 때에 마리아가 죽었을 때 만약 하나님이 천사를 보내어 마리아의 비문을 쓰게 하였더라면 천사는 그리스도가 말씀하신 것보다 더 나은 문구를 그의 무덤에 쓸 수는 없었을 것입니다. 그리스도는 말씀하시기를 "그는 그가 할 수 있는 것을 하였다" 하셨습니다. 저는 로드촤일드의 모든 부를 가지고도 저의 무덤에 이런 말이 정말 쓰여지기를 원합니다. 그리스도는 마리아에게 카이사르나 나폴레옹을 위해 세워진 비문보다도 더 오래 존속할 비를 세우셨을 것입니다. 사람들의 비는 부서져 갑니다. 그러나 마리아의 비는 그대로 견디어 나갑니다. 마리아의 이름은 그가 땅위에 살았을 때 아무 곳에서도 인쇄되지 않았습니다. 그러나 오늘날 그의 이름은 70여개 언어로 쓰여져 유명하게 되었습니다.

우리는 위대한 인물이 못될지 모릅니다. 또 우리 친구들 외에는 알려지지 않을 지 모릅니다. 그러나 우리는 마리아와 같이 우리가 할 수 있는 일을 할 수 있습니다. 하나님이여 우리들 각 사람에게 할 수 있는 일을 하도록 도와주시옵소서.

chapter 10
이것이 중요한 문제다
-로마서 제8장을 중심으로-

로마서 제 8장은 바울의 서신 중에서 가장 유명한 장중의 하나입니다. 저는 다시 말합니다. 가장 유명한 장 중의 하나입니다. 저는 바울의 저서 중에서 최고 수준의 3개장이 있다고 개인적으로 생각하고 있습니다. 그중 하나를 읽어보면 그것이 제일이라고 생각되고, 두 번째 것을 보면 그것이 제일이라고 생각하며, 세 번째 것을 보면 그것이 제일 좋은 것이라고 생각됩니다. 저에게는 세 아이가 있습니다. 저는 그들이 다 제일 좋다고 생각합니다. 저는 누구를 제일 좋아한다고 말할 수 없습니다. 그러나 저는 셋을 다 사랑합니다.

사랑을 논의하는 고린도전서 13장은 숭고합니다. 그리고 만약 하나님의 교회가 12개월만 그 상태로 살 수 있다면 저는 이 나라에 혁명이 일어나리라고 믿습니다. 저는 하나님의 교회 자신이 혁명되리라고 아주 확신합니다. 또 하나는 고린도전서 15장인데 여기에서는 바울이 우리에게 복음이 무엇이며, 그리스도께서 우리를 위하여 어떻게 돌아가셨으며, 우리들을 위하여 어떻게 승천하셨는가를 말해주고 있으며, 또 그는 부활의 대교리와 주님 재림의 귀한 진리를 가르치고 있습니다. 그래서 제가 이 장을 읽게 되면 저는 이것이 저의 최선의 장이라고 생각하는 것입니다. 그리고 나서 또 로마서 8장을 들춰보고 그 중심에 바로 들어가보면 저는 또 그것이 바울이 쓴 것 중에 가장 좋은 것이다라고 정말 생각됩니다.

로마서 8장은 정죄없이 전개되며 또 분란없이 결론을 맺습니다. 그러나 주의하여 보십시오. 이 장에서는 실수가 없다던가 약점이 없다던가를 말하고 있는 것이 아니라 생명에 있어서나 죽음에 있어서나 혹은 심판에 있어서 정죄가 된다는 것을 말해주고 있습니다. 대단히 많은 사람들이 일생동안 죽음의 속박 아래서 살고 있습니다. 그리고 심판을 두려워합니다. 그러나 만약 사람의 생명이 하나님 안에서 주와 더불어 감춰져 있다면 지금이나 영원에 이르기까지에 아무것도 두려워 할 것이 없습니다. 그리스도 안에서 자기의 선 곳을 바로 아는 것처럼 신자에게 위안을 주는 것은 또 없습니다.

신자와 불신자의 차이가 바로 여기에 있다는 것에 유의하십시오. 불신자는 자기 세대만을 살 뿐이고 캄캄한 어두움 밖에 내다볼 수 없습니다. 신앙인은 지금 밤중에 살고 있지만 그는 앞으로

웅장한 아침을 내다보고 있는 것입니다. 밝은 날이 앞에 있고 영광이 앞에 있고 최선의 인생이 앞에 있으며 뒤에 있는 것이 아닙니다. 이것이 성경의 교훈입니다. 그리고 하나님 안에서 그리스도와 더불어 그의 생활이 감추어질 자는 이미 심판을 지냈고 심판을 받지 않을 것입니다. 그리스도가 나를 위해서 심판을 받았으며 심판은 내 앞에 있지 않고 내 뒤에 있습니다. 요한복음 5장 24절의 말씀 "진실로 진실로 너희에게 이르노니 내 말을 듣고 또 나 보내신 이를 믿는 자는 영생을 얻었고 심판에 이르지 아니하나니 사망에서 생명으로 옮겼느니라"

양자삼기, 아들됨, 상속권

여러분은 이 로마서 8장을 읽어 내려가시면 바울이 어떻게 양자삼기, 아들됨, 상속권의 사상을 말하고 있는지를 유의하실 것입니다. 만약 제가 양자가 되면 저는 아들이 되는 것이며 하나님은 이제 저의 심판자가 아니시고 나의 아버지입니다. 이것은 우리가 하나님을 어떻게 보느냐에 대해서 대단한 차이를 만듭니다. 어떤 사람들은 하나님을 두려워 합니다. 그러나 그네들이 하나님이 그들의 아버지임을 깨달을 때는 그 두려움이 없어져 버립니다.

제 4절에 잠깐 눈을 돌려 보십시오.

"육신을 따르지 않고 그 영을 따라 행하는 우리에게 율법의 요구가 이루어지게 하려 하심이니라" 만약 우리가 영으로 나서 경건한 생활이 우리 가운데 있으면 우리는 육신을 좇아 행하지 않고 영을 따르게 되어 있습니다.

여러분은 육체와 영이 모든 사람을 갈라놓으며 제 3의 상태라는 것은 없다는 것을 아십니까? 우리들은 육체에 속해서 육체를 좇아 행하거나 혹은 영에 속해서 영을 좇아 행하거나 둘 중의 하나입니다. 4중적인 설명에 유의하십시오. 첫째로 그들의 성질, 육체를 좇는 것, 둘째로 그들은 육체에 관한 것에 맘을 두고, 셋째로 그들의 상태는 주검, 즉 영적인 일에 대해서는 죽은 것과 같으며, 넷째로 마음이 육욕에 사로잡혀 하나님을 기쁘게 할 수 없는 것입니다.

육체는 그 자신의 종교를 가지고 있습니다. 여러분은 이 지구상에서 거의 누구나 어떤 종류의 종교라도 가지고 있지 않는 사람은 없는 것을 발견하게 될 것입니다. 여러분이 가장 어둠속에 살며 타락한 죄를 짓고 사는 사람들과 만나서 이야기를 시작하면 그들은 이렇게 말합니다. "저는 당신의 종교를 얻으려고 제 종교를 버릴 수는 없습니다." 그리스도가 수가성 우물에서 만났던 여인은 메시아를 찾고 있었습니다. 그는 야곱의 자손으로 외양도 괜찮은 여자였습니다. 그러면서도 그는 가장 추한 죄 속에서 살고 있었습니다. 우리들은 똑같은 상태를 지금도 찾아볼 수 있습니다. 만약 여러분의 신조안에 은혜가 없다면 무슨 소용이 있겠습니까! 어떤 사람이 저를 보고 그 아름다운 종교를 원한다고 말했습니다. 이와 같은 종류의 인간들이 대단히 많습니다. 그들은 생명없는 차디찬 형식주의를 원합니다. 그들은 속에 생명이 있는 것은 아무것도 원하지 않습니다.

바울은 그가 갈라디아 교회에 보낸 서신중에서 이것을 너무도 분명히 묘사하였기 때문에 아무도 기만 당할 리가 없습니다. "육체의 일은 분명하니 곧 음행과 더러운 것과 호색과 우상 숭배와 주술과 원수 맺는 것과 분쟁과 시기와 분냄과 당 짓는 것과 분열함과 이단과 투기와 술 취함과 방탕함과 또 그와 같은 것들이라 전에 너희에게 경계한 것 같이 경계하노니 이런 일을 하는 자들은 하나님의 나라를 유업으로 받지 못할 것이요"(갈 5:19-21) 사람들은 진실하기만 하면, 또 그저 그 신조에 정직하게만 굴면 어떤 것을 믿건 별 차이가 없다는 생각을 가지고 있습니다.

저는 이것이 지옥의 구덩에서 나온 가장 커다란 거짓말 중의 하나라고 믿습니다. 어째서 그들은 여러분들이 그저 진실하기만 하고 또 이것을 고집하기만 하면, 거짓말도 즉시 사실을 믿을 수 있는 것과 똑 같이 믿을 수 있다고 여러분께서 말하는 것입니까?

제가 은행에 가서 10만불짜리 지불 수표를 내어 놓는다고 가정하십시요. 그러면 출납계가 이렇게 말할 것입니다.

"당신은 이 은행에 예금이 있습니까?"

"아니요, 없습니다. 다른 은행에도 없습니다." 저는 이렇게 대답할 것입니다.

"그러면 무엇으로 이 수표를 찾으시려는 것입니까?"
"진지성입니다. 마사츄셋츠주에서 디 엘 무디와 같이 10만불 만큼 원하는 사람은 없습니다."

그러면 아마 그들이 나를 정신병원에 30시간 뿐 아니라 30일 동안이라도 넣어 놓을 것입니다. 그리고 여러분 중에 이런 말을 하는 사람이 있다면 그가 어떤 것을 믿으나 아무런 관계가 없습니다.

여러분은 사단에게 유혹된 것입니다.

이제 교회와 세상 사이에 선을 그을 시기가 다가 왔습니다. 그리고 모든 크리스천은 세상에서 두 발을 빼야 합니다. 문제는 경계선에 서 있는 신자들입니다. 즉 경계선에 살고 있는 신자들이며 쉴새 없이 애굽으로 빠져 들어가 피와 부초와 마늘을 얻으려는 사람들 말입니다. 제가 만나는 사람들 중에서 가장 비참한 사람들은 이 경계선 신자들입니다. 그들은 양쪽 세계에 살려고 하며 들락날락하며 어디서 찾아보아야 할 지 알 수 없습니다.

미국 남북전쟁이 일어났을 때 경계선에 있는 주들은 다른 어떤 주보다도 고통을 많이 받았습니다. 전쟁이 없었던 북쪽에 위치하고 있던 주들은 켄터키주나 메디렌드주나 버지니아주와 같이 고통을 받지는 아니하였습니다. 그 지방의 땅은 한치한치 싸워서 이겨 얻은 땅입니다. 어떤 곳에는 양측에 다 붙어 살려는 사람들이 있었습니다. 그들은 남부연방기와 성조기를 둘 다 가지고 있다가 연합군이 오면 미국기를 내걸고 연합군을 위해 목이 쉬도록 만세를 부르고, 연합군이 지나가고 연방군이 오면 연방기를 내 걸었습니다. 그래서 어떤 일이 일어났는지 아십니까? 양군이 다 그들에게 대해서 대단한 모욕감을 가지고 그네들의 집들을 모두 태워 버렸습니다.

그 다음 바울은 성령의 열매가 무엇인지를 계속해서 말해 주고 있습니다.

"성령의 열매는 사랑과 희락과 화평과 오래 참음과 자비와 양선과 충성과 온유와 절제니 이같은 것을 금지할 법이 없느니라 그리스도 예수의 사람들은 육체와 함께 그 정욕과 탐심을 십자가에 못 박았느니라 만일 우리가 성령으로 살면 또한 성령으로 행할지니 헛된 영광을 구하여 서로 노엽게 하거나 서로 투기하지 말지니라" (갈 5:22-26) 여기서 분명히 나타나지 않습니까? 여기에 육체의 열매와 성령의 열매가 명시되어 있지 않습니까? 여러분은 어떠한 열매를 맺고 계신지요. 그런데 자연인의 최선의 부분은 마음입니다. 그렇지 않습니까? 이 몸에서 마음을 제거하여 보십시오. 그러면 저는 어떤 규정에 갇혀 있게 됩니다. 이제 바울은 우리들에게 육욕에 싸인 마음은 하나님을 대적하는 것이다라고 가르칩니다(7절). 만약 인간의 최선의 부분이 하나님과 대적하고 성령에 의하여 정말로 하나님의 법에 복종 할 수 없다면 우리들은 육체를 벗어버려야 하지 않겠습니까? 그리고 육체로서 하나님을 모시도록 하지 말아야 하지 않겠습니까? "대저 육욕에 쌓인 마음은 죽음이다 그러나 성령에 따라 사는 마음은 생명과 평화인데 육욕에 쌓인 마음은 하나님을 대적하는 까닭이며 대개 하나님의 법에 복종치 않으며 결코 그렇게 될 수 없느니라"

여러 어머니들이 저에게 와서 이렇게들 말합니다.

"무디 선생님, 저의 아들이 영적인 것을 좋아하지 않으니 참 이상한 노릇이라 생각하지 않습니까?"

그래서 저는 이렇게 대답합니다.

"아니요. 그가 영으로 나기까지는 만약 그가 영적인 것을 좋아한다면 더 이상한 노릇이죠"

육욕에 싸인 마음은 육욕적인 것을 좋아하고, 자연을 좋아하는 마음은 자연적인 것을 좋아하며, 세속적인 마음은 세속적인 것을 좋아합니다. 그런데 영적인 사람은 영적인 것을 좋아합니다. 신성한 일을 하게 된 사람은 그런 성질의 양식을 좋아하며 하늘에서 내려오는 양식을 요구합니다. 이 세상은 그를 전혀 만족시킬 수 없습니다. 그에게는 하나님을 좇아 도달되는 성질을 가지고 있습니다. "옛 것은 다 지나갔다 보라 새것이 오는도다" 그는 세상을 단념할 필요가 없습니다. 세상이 그에게서 빠져나가며 그는 더 좋은 것을 가지게 됩니다. 그러나 육욕에 싸인 사람은 물론 세상 것을 좋아합니다. 어찌 좋아하지 않을 이유가 있겠습니까. 모든 사람이 걸어가는 길에는 발길에 걸리는 세 개의 돌이 있습니다. 즉 인간의 종교와 인간의 지식과 인간의 의입니다. 대단히 많은 수의 대학에서는 이 성경과는 전적으로 무관하게 하나님 말씀 없이 하나님의 마음 없이 하나님의 지식 없이 지혜를 넣어 줄려고 하고 있습니다. 다니엘은 우리들에게 말하기를 사람들이 이곳저곳 뛰어다니면 지혜가 더하리라 하였습니다. 저는 이런 시대가 왔다고 믿습니다. 오늘날까지 이 지구상에 현세대 처럼 지식이 널리 보급되었던 세대는 없었습니다.

우리들은 지금 가장 신기한 세대에 살고 있습니다. 지금 16세난 소년은 백년전에 50세였던 그의 선조보다 더 많은 것을 알고 있습니다. 그는 더 좋은 환경에 있습니다. 그러나 이것은 그의 의가 증가하였다는 것을 의미하는 것은 아닙니다. 그러니까 우리들은 조심해야 합니다. 만약 사람이 많은 시간을 한심스러운 장소에서 오락하기 위하여 소비하고, 또 그의 가족들을 타락한 사람들이 모이는 곳에 데려가며, 온 주일 동안 돈을 벌기 위하여 말광대같이 돌아다니면서, 안식일에 영적인 일에 대해서는 달팽이 같이 꾸물거리는 것을 양심에 하나도 꺼리지 않는다면, 저는 그 사람을 육체를 따르는 사람이라고 믿습니다.

그에게는 신성한 성질이 없습니다. 그는 성령을 쫒아가는 사람이 아니고 육체를 쫒아가는 사람입니다. 저는 신자들이 종교적인 회합보다도 진보적인 유카노름 파티라든가 혹은 휘스트노름 파티에 가기를 더 좋아하는 것을 볼 때 그들이 육체를 따른다고 생각합니다.

그렇지 않습니까? 저는 얼마 전에 피츠버그에서 어떤 교인들이 주일밤에 휘스트노름 협회에 참가하기 위하여 필라델피아로 출발하였다는 이야기를 듣고 완전히 경악하였습니다. 그렇다면 그들의 아이들이 망쳐지는 것도 별로 이상한 일은 아니지 않습니까?

하나님은 거짓을 미워합니다. 이것은 신자가 되는데는 의미심장한 것입니다. 그래서 만약 사람이 참 신자가 되려면 그의 낡은 사람과 모든 행동을 다 벗어 버리고 새 사람이 되어야 합니다. 신앙생활에서 필요로 하는 신자는 이러한 종류의 사람입니다. 왜냐하면 육욕에 싸인 마음은 죽음이요 영적인 마음은 생명과 평화인 까닭입니다.

그러면 우리는 육체를 어떻게 해야 하겠습니까? 육체를 망하게 그리고 멸하도록 하십시오.

이 육체는 사망의 장소에 내 버려두고 거기에 둡시다. 하나님의 계획은 우리들의 썩은 육체를 하나님의 나라로 가져가는 것이 아닙니다. 이 육체는 죽을 때 버리게 되어 있습니다. 그러니까 지금 치워두는 것이 좋습니다. 제 9절을 보십시오.

"만일 너희 속에 하나님의 영이 거하시면 너희가 육신에 있지 아니하고 영에 있나니 누구든지 그리스도의 영이 없으면 그리스도의 사람이 아니라"

여러분은 어떻게 여러분이 신자다 혹은 아니라라고 말할 수 있습니까? 여러분이 가톨릭이라든가 신교라든가 또는 사람이 만들어 놓은 어떤 신조에 응한다는 것을 가지고서는 말할 수 없습니다. 우리들은 이런 것 보다 더 좋은 것을 가지고 있어야 합니다.

그리스도는 어떻게 말씀하셨습니까? "만약 너희들이 서로 사랑하면 이것으로 모든 사람들은 너희들이 나의 제자임을 알리라" 제가 처음에 개종하였을 때는 늘 모든 신자들이 뺏지를 달았으면 하고 원했습니다. 왜냐하면 저는 신자들을 알아보고 싶었던 까닭이며 그때 제 마음은 믿음의 가족을 찾고 있었습니다. 그러나 저는 이런 고비를 넘겼습니다. 만약 신자가 흔해지면 모든 위선자도 30일 이내에 뺏지를 달 것입니다. 그러나 하나님이 마음 속에 달 뺏지를 주십니다. 아무 사랑도 가지고 있지 않는 사람은 그것을 바람에게나 붙여 보낼지 모릅니다.

이런 사람을 저는 원치 않습니다. "너희들이 서로 사랑하는 것으로 모든 사람들이 너희가 나의 제자임을 알리라" 이것이 성령의 열매입니다. 어떤 사람이라도 그리스도의 영을 가지지 아니한 자는 그리스도의 사람이 아닙니다.

하나님의 사랑

하나님의 사랑이 없는 모든 교회는 이 지구 위에서 빨리 없어지면 없어질 수록 더 좋습니다. 그들은 발길에 채는 돌들입니다. 그들은 선한 일을 하기 보다는 훨씬 더 해를 저지르고 있습니다.

만약 하나님의 교회가 사랑에 가득 차 있다면 교회가 텅텅 비거나 또는 떠나간 신자들이 안식일에 자전거나 타고 다니며 일요판 신문이나 읽고 있거나 하지 않을 것입니다. 만약 제가 어떤 사람을 사랑한다는 것을 그에게 납득시킬 수만 있다면 저는 모든 장벽을 뚫고 그에게 도달할 수 있습니다. 제가 만약 사랑에 넘쳐 있기만 하면 그의 생애에 있어서 언젠가 제가 그에게 도달할 수 있는 때가 올 수 있습니다.

여러분은 어떤 소년과 산울림의 옛날 이야기를 알고 계시죠. 그 소년은 어떤 숲가에서 살고 있었는데 하루는 그의 목소리가 산울림으로 돌아오는 것을 듣고 소리쳤습니다.

"여봐라." 대답이 왔습니다. "여봐라."
"너는 나쁜 녀석이다." "너는 나쁜 녀석이다."
"이리 오너라, 내가 너를 회초리로 때려 주겠다."
"이리 오너라. 내가 너를 회초리로 때려 주겠다."
"내가 지금 간다." "내가 지금 간다."

이 어린 소년은 집 안으로 뛰어 들어 가서 이렇게 말했습니다.

"어머니, 저 숲 속에 나쁜 아이가 있는데 나를 회초리로 때려 줄려고 해요"

어머니는 대답했습니다.

"아니다. 나는 그 아이가 나쁜 아이라고 생각하지 않는다. 네가 그 아이에게 이야기를 잘못 한 게다. 네가 만약 그 아이에게 친절히 말했더라면 그 아이도 너에게 친절하게 대답했을 줄 생각한다. 자 가서 다시 한번 말해 보라."

그래서 그 아이는 또 나왔습니다.

"애야__" "애야__"

"너는 좋은 아이야" "너는 좋은 아이야"

"나는 너를 사랑한다." "나는 너를 사랑한다."

그는 집으로 뛰어 들어와서 말했습니다.

"어머니, 알고 보니까 그 아이는 좋은 아이예요"

인간은 단지 산울림에 지나지 않습니다. 여러분이 만약 마음에 사랑을 가지고 이 세상을 살아간다면 여러분은 세상 사람들이 여러분을 사랑하게끔 만들 수 있을 것입니다. 사랑은 그리스도가 그의 제자에게 준 뺏지 입니다.

10절, 11절과 13절에는 여러분에게 주의를 환기시키고 싶은 '만약'이라는 말이 네 군데 있습니다. '만약' '그리스도께서 너희 안에 계시면 몸은 죄로 말미암아 죽은 것이나 영은 의로 말미암아 살아 있는 것이니라' '만약' '예수를 죽은 자 가운데서 살리신 이의 영이 너희 안에 거하시면 그리스도 예수를 죽은 자 가운데서 살리신 이가 너희 안에 거하시는 그의 영으로 말미암아 너희 죽을 몸도 살리시리라' '만약' '너희들이 영으로써 몸의 행실을 죽이면 살리니'

여러분 귀를 기울이십시오. 우리는 성령에 의해서 걸어야 됩니다. 우리는 성령에 의해서 인도되어야 합니다. 우리는 성령에 의해서 가르침을 받아야 합니다. 우리들은 성령에 의하여 영향을 받아야 합니다. 그리고 옛 사람의 행실을 다 벗어버리고 새 사람이 될 수 있다면 우리는 하나님과의 도우심으로 죄와 세상과 사단과 모든 원수에 대해서 승리를 거둘 수 있습니다. 그러나 이것은 그리스도 안에 있을 때만 가능합니다. 그러나 15절을 다시 보십시오.

"너희는 다시 무서워하는 종의 영을 받지 아니하고 양자의 영을 받았으므로 우리가 아빠 아버지라고 부르짖느니라" 저는 제가 사해 동포주의와 만민의 아버지의 교리에 대해서는 "조금" 더 동정하고 있다는 점을 강조하고 싶습니다. 사람이 만약 육신에서 살며 육신을 좇으면 그는 마귀의 자식입니다. 이것은 대단히 강한 말입니다. 그러나 이것은 그리스도가 말씀하신 것입니다. 이 마귀는 주님을 대단히 괴롭혔으며 주님을 십자가에 빨리 달리게 하였습니다만 그러나 이것은 사실입니다. 저에게 거짓말하고 도둑질하고 술 먹고 여자를 망쳐놓은 남자를 보여 주십시오. 여러분, 이 사람도 저의 형제라고 말씀하십니까? 전혀 그럴 수 없습니다. 그가 그리스도 안에서 저의 형제가 되기 전에 그는 믿음의 식구로 태어나야 합니다. 그는 이방인이며 그는 하나님의 은혜에 대해서 낯설은 사람이며 그는 하나님께 대해서는 적이며 그는 친구가 아닙니다.

사람이 "아바 아버지여"라고 부를 수 있기 전에 그는 반드시 위에서부터 낳아야 하며 성령으로 낳아야 합니다.

"성령이 친히 우리들의 영과 같이 우리들이 하나님의 자녀임을 증거 하느니라 그러나 세상과는 다른 길로 오고" "그리고 만약 자녀이면 후사 곧 하나님의 후사요 그리스도와 함께 한 후사니 우리가 그와 함께 영광을 받기 위하여 고난도 함께 받아야 될 것이니라." 아, 이것으로 우리에게 우리의 진정한 관계를 가르쳐 주려 함이었군요. 이 잘못되고 사악한 세대에 하나님의 아들과 딸을 명시해 줍니다. 여러분은 얼마나 많은 하나님의 자녀들이 그리스도 안에서 그들이 서 있는 곳을 알지 못하고, 또 하나님의 아들과 딸이 된다는 것이 무엇을 의미하는지 전혀 알지 못하고 있는지 아십니까? 그들은 종보다 더 옳지 못합니다.

낯선 집에 들어가서 누가 종이며 누가 손님이고 누가 아들인지를 알아내는데 얼마나 오래 걸리는지 알아보십시오. 제가 낯선 도시에 가서 나그네 되었을 때 저는 여러집에 가본 일이 있습니다. 저는 토요일 저녁에 도착하여 주일 아침 일찍 종을 제외하고는 누구도 일어나기 전에 일어났습니다. 그 종이 들어와서 방의 먼지를 털고 가구정리를 해서 저는 그 사람이 종인 줄 알았습니다. 얼마 안 되어 손님이 내려왔는데 제가 그 사람이 저와 똑같이 손님의 입장이라는 것을 알아내기에는 5분도 안 걸렸습니다. 또 얼마 안 되어 어떤 장난꾸러기 아이가 내려와서는 부엌으로 이방 저방으로 집을 온통 휘몰아 다닙니다. 여러분은 손님과 아들의 차이를 말할 수 있을 것입니다.

무엇이 탕자를 괴롭혔습니까? 어째서 그는 자기 아버지에게 와서 "저를 주방에 보내 주시고 종과 같이 살게 하여 주십시오. 저를 당신이 부리는 종과 같이 써 주십시오"하고 말을 했습니까? 그의 아버지는 이런 소리는 한 마디도 들으려 하지 않았습니다.

"제일 좋은 옷을 가져다가 이 아들에게 입혀라. 그리고 손에 가락지를 끼워주고 발에는 신을 신기고 살찐 송아지를 이리로 끌어다가 잡아라. 그리고 먹고 즐거워하자. 이 아들은 죽었던 것인데 다시 살아났느니라."

저는 그를 아들이라 부른 것이며 종이라 하지 않았습니다.

사랑하는 여러 친구들이여, 우리들은 아들들입니다. 그리고 아들이면 후사입니다. 그리고 하나님께 감사합니다. 우리들이 후사이면 우리들은 그리스도와 함께 한 후사입니다. 그리스도가 아들인 것과 같이 저도 그러합니다.

시카고에서 화재를 당한 후 저에게 이렇게 말하는 사람을 보았습니다.

"무디씨, 저는 당신이 시카고시 화재에서 모든 것을 잃었다고 들었습니다."

"글쎄요" 하고 저는 대답했습니다.

"당신은 잘못 아셨군요. 저는 다 잃지 않았는데요."

그는 이렇게 또 물었습니다.

"재산이 얼마나 남았습니까?"

"말할 수 없는데요. 잃은 것보다 상당히 많이 남았는데요."

"당신이 얼마만큼이나 가지고 있는지 알 수 없단 말입니까?"

"네, 알 수 없는데요."

"당신이 그렇게 부자인줄은 몰랐는데요."

"아마 모르셨을 겁니다."

"무슨 말씀이신지요?"

"그저 제가 말하는 그대로입니다. 저는 그 불에서 저의 낡은 성경을 꺼냈습니다. 이것이 건진 것의 전부이지요. 저는 그 불타는 도시에서 이 성경을 건질 수 있었습니다. 그리고 저에게는 그 불이 비춘 것보다 더 환하게 그 도시를 비칠 약속이 떠 올랐습니다. '이기는 자는 모든 것을 유업으로 받을 것이니 나는 그의 하나님이 되리라'"라는 말씀입니다.

여러분은 제가 얼마나 가치가 있는지 물어보셔도 저는 알 수 없습니다. 여러분은 주변의 사람들에 대해서는 얼마나 가치가 있는지 알아낼 수 있습니다만 하나님의 아들이 얼마나 가치가 있는지는 알아낼 수 없습니다. 왜냐하면 그는 그리스도와 함께 한 후사인 까닭입니다.

어째서 당신은 고개를 숙이고 빈곤을 말하면서 돌아 다니십니까? 가장 약하고 가난한 하나님의 자녀는 세상의 그 누구보다 더 부자입니다. 왜냐하면 그는 영원한 부를 가지고 있는 까닭입니다. 시카고시에서 타버린 것은 저울에 묻어 있는 먼지와 같은 것입니다. 그리스도와 함께 한 후사 이것이 로마서 8장이 우리들에게 가르쳐 주는 것입니다.

여러분은 그리스도가 부활의 땅에서 말씀하신 것을 유의해 보신 적이 있습니까?

"나는 나의 아버지에게로 올라가니 곧 너희들의 아버지요, 나의 하나님이며 곧 너희들의 하나님이시다" 주님은 저희들을 바로 친구로 삼으셨습니다. 반가운 말씀이 아닙니까!

여러분은 그리스도가 돌아가실 때 남겨 논 유언을 생각하여 보신 적이 있습니까? 여러분은 아마도 여러분을 유언 중에서 기억한 사람은 없다고 생각하실 것입니다. 그러나 그리스도는 여러분을 그의 유언 가운데서 기억하셨습니다. 주님은 그의 육신을 아리마대의 요셉에게 맡겼고 그의 어머니는 세베대의 아들 요한에게 맡기셨습니다. 이 얼마나 훌륭한 유산이었겠습니까! 채권보다도 주권(株券) 보다도 더 귀한 것입니다.

그리고 또 주님은 그의 영혼이 하나님 앞으로 가기를 원하셨습니다. 그러나 주님은 제자들에게 이렇게 말씀하셨습니다.

"나의 평화를 너에게 남겨 주노니 이것이 곧 나의 유산이로다 또 나의 기쁨을 너에게 주노라" '나의 기쁨' 이라고 하셨습니다. 얼마나 좋은 말씀인가 생각해 보십시오.

"나의 기쁨을 너에게 주노라." 우리들의 화평이 아니라 주님의 화평입니다.

어떠한 재판관도 또 어떠한 배심원도 그리스도의 유언을 취소할 수 없습니다. 그리스도는 그의 유언을 몸소 이행하시기 위해 일어나셨습니다. 만약 주님이 우리들에게 많은 금을 남겨 주셨다고 하면 도둑놈들이 순식간에 다 훔쳐 냈을 것이며 우리들은 전혀 그것을 얻지 못하였을 겁니다. 그러나 주님은 모든 진실한 신자에게 주님의 화평과 기쁨을 남겨 주셨습니다. 로마서 8장을 보십시오. 바울은 8장에서 두발을 반석위에 디디고 서 있습니다. 이 얼마나 웅대한 장입니까.

잠깐 여기서 멈추셔서 이와 같은 질문을 하여 보십시오. 나는 후사인가? 정말로 하나님의 후사인가? 이 모든 것이 나의 것인가? 주님은 "나의 아버지가 주신 것 같이 나도 너희들에게 나라를 주노라"라고 말씀하십니다. 이것은 즉 후사됨 입니다. 그렇지 않습니까?

"너희들이 나의 나라에서 나와 같이 먹고 마시게 함이며 너희도 나의 보좌위에 같이 앉게 함이라." 주님이 허리를 굽히시고 시궁창에서 술 주정뱅이를 바로 건져 주신 것을 생각해 보십시오. 그리고 그의 발을 반석 위에 얹으시고, 그의 입에 새 노래를 주시고, 권세와 왕의 지위보다 더 높이시며, 천사와 천사장보다도 높게 주님과 한 가지로 보좌 위에까지 올리시는 것을 생각해 보십시오. 여러분은 지구위의 여러 나라 위를 날아 다니고 있는 천사가 어떤 보좌를 바라보고 있다고 생각 하십니까. 세상의 높은 그 어떤 것보다도 더 그리스도의 것은 영원한 나라입니다.

그리스도의 것은 영원히 견딜 수 있는 보좌이며 주님은 저희들에게 이렇게 말씀하십니다.

"너희들이 나와 함께 나의 보좌에 앉으리라" 여러분들이여! 우러러 봅시다. 오늘밤에 별을 쳐다 봅시다. 흙탕은 보지 맙시다. 우리들이 유업으로 받을 것은 위에 있습니다. 주님이 "나의 아버지의 집에"라고 하시는 말씀은 얼마나 반갑습니까! 또 얼마나 부드럽습니까! 똑 같은 성령과 주님이 계시는 똑 같은 처소와 똑 같은 희망과 똑 같은 은혜와 똑 같은 집이 지금도 있습니다. 이러한 인생은 완전히 안전합니다.

가령 어떤 사람이 영국 황실의 황태자에게 해를 입힌다고 생각해 보십시오. 영국 육군에 있는 모든 사람과 해군의 모든 기선들이 만약 필요하다면 즉시 동원되어 그를 보호할 것입니다. 하나님도 영광의 후사를 돌보실 것입니다.

그러면 어떻게 보호하실까요? "하나님의 천사가 그들 주위에 진을 칠 것이라" 하였습니다.

여러분, 엘리사의 종이 겁을 먹었을 때 엘리사가 한 말을 기억하고 계십니까? "주여 이 종의 눈을 뜨게 하여 주소서" 그리고 나서 그 종은 온 산과 들에 말과 불의 전차가 가득히 있는 것을 볼 수 있었습니다. 위를 쳐다 보십시오. 그리고 이 약속에 대해서 하나님께 감사하십시오. 저는 낙원의 한 가운데 있는 아담보다는 오히려 로마서 8장의 중심에 있기를 원합니다. 아담은 낙원의 만년을 살았어도 그 다음에는 마귀가 와서 그의 생명을 취해 갔을지도 모릅니다. 그러나 저는 마귀 더러 나에게서부터 내 생명을 빼앗아 가라고 도전하고 싶습니다. 왜냐하면 저의 생명은 그리스도와 더불어 하나님과 같이 있으며 그리스도는 사단을 이기신 까닭입니다. "이 세상의 왕자가 나와도 나와 상관이 없도다."

그리스도는 그를 이기셨습니다. 우리 믿는 자들은 얼마나 안전합니까! 죄악이 그리스도 안에 감추어지고 하나님 안에 감추어지면 사단이 어떻게 우리를 잡을 수 있겠습니까! 사단은 그 죄인을 잡기 전에 전능하신 하나님과 그리스도께 들려가야 합니다.

영광의 후사가 되는 것은 위대한 일입니다. 하나님의 아들이 여러분의 생명을 지키신다는 것과 하나님의 천사들이 여러분의 주위에 진을 치고 있다는 것은 위대한 일입니다.

"그런즉 이 일에 대하여 우리가 무슨 말 하리요 만일 하나님이 우리를 위하시면 누가 우리를 대적하리요"(31절) 여러분, 바로 이 질문에 대답해 보십시오. 만일 하늘과 땅의 창조자이신 하나님이 우리 편에 계시다면 누가 우리에게 대적하겠습니까! 아무도 그럴 수 없습니다. 28절을 보십시오.

"우리가 알거니와 하나님을 사랑하는 자 곧 그의 뜻대로 부르심을 입은 자들에게는 모든 것이 합력하여 선을 이루느니라" 모든 일 곧 환란과 비난과 박해와 허약과 심통과 기아 등등인데 주님을 사랑하는 자에게는 모든 것이 합력하여 선을 이루게 됩니다.

여러분, 인간 생활에서의 너무 안일한 삶은 파멸로 이끈다는 말을 아십니까? 만약 사람이 풍족함 만을 가지고 있다면 그는 파멸될 것입니다. 저는 대단한 명성과 부를 얻은 사람들을 상당히 많이 알고 있는데, 그들 중에서 경건한 마음을 잃지 않고 또 하나님이 지으신 천국의 영원무궁한 도시를 바라볼 수 있는 시력을 잃지 않은 사람은 별로 보지 못하였습니다. 세상의 것들이 영원한 것들로부터 그들의 마음의 애정을 빼앗아가 버렸습니다. 우리가 탄식하거나 또는 갈망하는 것들이 흔히 바로 우리들의 파멸인 때가 많습니다.

요셉은 대부분의 우리들과 같았습니다. 그는 자기형들로 말미암아 팔려서 애굽으로 가게 된 것을 대단히 고통스러운 것이라고 생각하였습니다. 이 사실은 마치 요셉에게 불리하게 되는 것처럼 보였습니다. 그러나 하나님은 모든 것을 지배하시사 그를 지구 위의 모든 나라를 위해 그곳에 그냥 두지 않으셨습니다. 그곳에서 빛나기 시작한 별은 지금까지 빛나고 있는 것입니다.

저는 우리들이 영생하기 위하여 하나님께서 우리들에게 역경과 시험을 주신 것을 무엇보다도 감사하는 생각을 가지고 있습니다. 저는 존 번연이 이 땅위에 살 때 벧포드 형무소에 투옥 당했던 시절은 그에게 일어났던 어떠한 일보다도 하나님께 감사하였으리라고 믿습니다.

저는 바울이 매맞은 일을 그에게 일어났던 어떠한 것보다도 하나님께 감사하였으리라고 믿습니다. 그래서 그는 로마서 8장에서 바로 자기 자신의 경험을 가지고 이야기하고 있는 것입니다. 나는 다니엘이 20세 전에 바벨론으로 포로가 되어 끌려가게 된 것을 대단히 고통스럽게 생각하였던 것은 의심 할 바가 없다고 믿습니다. 그러나 하나님은 그 곳 사람들에게 사는 방법과 온 나라를 밝히는 방법을 가르쳐 주라고 그를 그곳에 보내신 것입니다. 그뿐만 아닙니다. 그는 아직껏 2천 5백년 동안 빛나고 있는 것입니다. 다니엘은 사자의 굴을 포함하여 모든 일이 "하나님을 사랑하는 사람에게는 합력하여 선을 이룬다"는 것을 증명하는 귀한 기록을 얼마나 남겨 놓았습니까! 그가 사자굴 속에 던져졌을 때 그는 당시의 모든 나라에 대해서 얼마나 큰 은혜가 될지는 그와 세 친구들 모두 전혀 알지 못하였습니다. 이 젊은이들은 불붙는 아궁이 속으로 걸어 들어갈 때 그들이 무엇을 하고 있는지를 알지 못하였습니다. 그러나 그들의 경험은 하나님의 교회에 대해서 아주 큰 은혜가 되었습니다.

여러분, 여러분은 물을 건너고 있습니까? 실망하지 마십시오. 여러분은 영광의 후사이며 만약 하나님께서 여러분이 깊은 물을 지나기를 요구하시면 주저말고 가십시오. 하나님이 여러분과 같이 계십니다. 요셉이 감옥에 들어가 있을 때 하나님이 그와 함께 하셨으며 사람들은 전능하신 하나님이 그와 같이 한다고 말하지 않을 수 없었습니다.

저는 전능하신 하나님과 함께 하지 않고 형무소 밖에 있는 것 보다는 오히려 하나님과 함께 형무소 안에 있기를 원합니다. 여러분은 형무소를 두려워하실 필요가 없습니다. 그리고 나의 친애하는 친구 여러분, 여러분은 무덤을 겁낼 필요가 없으며 죽음을 두려워할 필요가 없습니다. 기뻐하십시오. 속죄받을 때는 가까이 다가오고 있습니다.

우리들은 어쩌면 잠시동안 고난을 받아야 할지 모릅니다. 그러나 여러분이 영원한 영광의 가치를 생각하실 때 여러분은 고난을 겪을 수 있습니다. 그렇지 않습니까? 저는 우리들이 천당에 갔을 때 우리가 고난에 대해서 전전하던 생각을 하면 대단히 부끄러워질 줄 생각합니다. 그리스도는 한 때 모든 것을 주를 위하여 버리는 자는 주님이 그에게 상을 주겠다 하셨습니다. 그래서 베드로는 주님께 이렇게 물었습니다. "저에게 무엇을 주시렵니까?" 베드로는 주를 따르기 위하여 무엇을 버렸습니까? 몇 개 안 되는 다 낡은 망가진 그물과 고기잡이 배입니다. 베드로는 부활의 생명과 앞에 놓여 있는 영광을 맛본 후에는 이렇게 물었던 것을 몇 번이고 부끄럽게 여겼을 것입니다.

우리들은 무엇을 남겨 놓았습니까? 저는 항상 단념해야만 하는 일을 이야기하는 사람들에게는 진저리가 납니다. 이러한 이야기는 바람에 날려 버립시다. 그리고 여러분이 얻은 것을 보고 이해하시기를 바랍니다.

바울이 알고 있던 것

여기서 바울이 좋아하던 구절을 보겠습니다. 모든 것이 합력하여 선을 이루는 것을 "우리는 아노라" 저는 요한과 바울이 알고 있던 일에 대하여 말한 것을 여러분에게 소개하여 드리겠습니다. "우리는 압니다. 우리가 믿어 온 분"을 아는 것은 좋은 일입니다. 그렇지 않습니까?

"우리는 압니다. 우리가 하나님에게서라는 것"을! 왜냐? 그의 영이 우리의 영과 더불어 증거하십니다. "우리는 압니다." 하나님의 아드님이 오셨다는 것을 많은 사람들이 믿지 않는 것에 나는 지쳤습니다.

여러분들은 죽음에서 생명을 얻었다는 것을 분명하게 확신하고 믿으십시오. "우리는 압니다. 하나님이 우리와 함께 계시다는 것을" 이 일을 아는 것이 위대한 일이 아니겠습니까! 만약 영광의 희망이신 그리스도를 내 속에 형성되게 할 수 있다면 그를 통하여 나는 이 세상을 정복하고 이 세상을 나의 발아래 둘 수 있습니다. 그 외에 다른 길은 없습니다. "우리는 압니다. 그가 우리의 기도를 들어 주시는 것을" 하늘과 말할 수 있는 거리 안에서 산다는 것과 당신의 그 기도에 하나님께서 응답하시는 것은 좋은 일입니다.

당신은 내가 존재하지 않는다고 내게 말할 만큼 하나님이 기도에 응답하시지 않는다고 내게 말할 수 있을 것입니다. 저는 이 문제로 사람들과 토의하기를 그만 두지 않겠습니다. 하나님께서 날마다 기도에 대답해 주시니까요.

우리는 압니다. "우리가 영광중에 그와 함께 나타나리라는 것을 우리의 생명이신 그리스도가 나타날 때 그 때에 너희들도 그와 함께 영광중에 나타날 것이니라" 기운을 내십시오.

하나님의 아들이여, 영광은 우리들의 뒤에 있는 것이 아니라 앞에 있습니다.

"우리는 압니다." 주님이 나타나실 때에 우리들도 주님과 같이 되는 것을 여러분은 우리들이 주님과 같지 않다고 말씀하시겠지만 우리들은 이미 그것을 알고 있습니다. 그러나 우리는 그렇게 될 것입니다. 그것은 앞날에 놓여 있는 것입니다. 우리들은 주님을 주님으로 보기 때문에 주님과 같이 될 것입니다.

"우리는 압니다. 만약 우리의 땅위의 집이 없어지더라도 우리는 손으로 만들어 지지 않는 영원한 하늘에 있는 하나님의 집을 가지고 있다는 것을" 나의 친애하는 형제 자매 여러분, 저는 죽음을 어떤 유익한 것으로 만들려 합니다. 여러분은 죽음을 원수같이 말합니다.

저는 이 육체를 버려둡니다. 그리고 저는 주님의 것과 같은 영광스러운 몸을 얻습니다. 이 몸은 죽음이 닥칠 수 없으며 죄가 더럽힐 수 없으며 주님의 몸과 같은 것입니다.

생각해 보십시오. 저는 얼마전에 텍사스주에 갔던 일이 있는데 저는 우연히 신문을 보게 되었습니다. 그 신문은 저를 늙은 무디라고 기재했습니다. 솔직히 말씀드리면 저는 일생에 있어서 그때처럼 큰 충격을 받은 적이 없었습니다. 저는 그 때까지 늙은이라는 소리를 들은 적이 없었습니다. 그래서 저는 호텔로 돌아가서 거울을 들여다 보았습니다.

사랑하는 친구여러분, 저는 오늘밤처럼 저의 생애에 있어서 젊게 느낀 적은 없습니다.

저는 늙어간다는 것을 생각 할 수 없습니다. 저는 제가 끝없이 살리라는 것을 믿고 있습니다. 죽음이 저의 자리를 바꾸어 놓을지 모릅니다. 그러나 저의 상태는 바꾸어 놀 수 없으며 또 예수 그리스도와의 관계도 바꾸어 놀 수 없습니다. 죽음은 저희들을 갈라 놀 수 없습니다. 이것이 로마서 8장의 가르침입니다.

늙은이라고요? 저는 여러분이 제가 오늘밤 여기서 느끼는 것과 같이 젊음을 느끼시기를 원합니다. 여러분이 만약 천만년 후에 저를 만나신다면 저는 지금이 아주 젊은 것입니다. 시편 91편을 읽어 보십시오. "내가 너희들을 장수케 함으로 만족케 하리라"이 구절은 칠십년을 의미하는 것이 아닙니다. 70년이면 여러분은 만족하시겠습니까? 여러분은 70세의 여자나 남자가 만족해 하는 것은 보시지 못한 줄 압니다. 그렇다고 80은 족하겠습니까? 90이면 족하겠습니까? 100이면 족하겠습니까? 얼마면 여러분은 만족하겠습니까? 아, 사랑하는 형제들이여, 설혹 아담이 백만년을 살고는 죽어야 한다 했더라도 그는 만족하지 않았을 것입니다. "장수케함으로 내가 저를 만족케 하리라" 끝없는 생명입니다. 저를 늙었다고 부르지 마십시오. 저는 이제 겨우 62세입니다. 저는 조금도 늙지 않았습니다.

몇가지 질문

이제 바울은 몇 가지 질문을 내놓았습니다. "누가 우리를 대적하리요 자기 아들을 아끼지 아니하시고 우리 모든 사람을 위하여 내주신 이가 어찌 그 아들과 함께 모든 것을 우리에게 주시지 아니하겠느냐(32절)" 하나님 아버지께서 당신의 독생자이신 그리스도를 저희들에게 주셨을 때는 완전히 천당에 있는 모든 것을 주신 것입니다.

당신께서는 천당이 소유하고 있던 가장 귀한 보석을 주신 것입니다. 그런즉 만약 하나님이 저희들에게 당신의 아들을 주셨다면 그 이상 더 어떤 것을 달라고 할 것이 있습니까! 가령 어떤 사람이 저에게 십만불짜리 가치가 있는 다이아몬드를 하나 준다고 하면 저는 그에게 그 다이아몬드를 싸가지고 갈 색종이 조각 하나를 더 달라고 말할 만큼은 대범해질 수는 있으리라 생각합니다. 만약 주님이 저에게 그의 품안의 아들을 주셨다면 저는 어떤 것이든지 구할 수 있습니다. 주님은 얼마나 저희들에게 모든 것을 은사로 주시지 않으시겠습니까!

하나님은 그의 아들을 아무도 구하지 않았는데 우리에게 주셨습니다. 아무도 감히 이러한 것을 구하지는 못하였으며 하나님은 우리들을 위하여 그리스도를 값없이 주셨다고 바울은 말하고 있습니다. 하나님께 이 선물 주신 것을 감사합니다.

"누가 하나님이 택한 자를 송사하리요"(32절) 이것은 또 하나의 질문입니다.

누가 이것을 하겠습니까? 여러분은 이것을 어떻게 하시렵니까? "의롭게 하시는 하나님이십니까?" 만약 하나님이 저를 의롭다고 하시고 저를 송사하신다면 참 이상한 일이 되겠습니다. "의롭게 하신다"라는 말은 사실이 되기에는 너무 좋은 말같이 보입니다. "의인은 믿음으로 살리라"라는 진리가 마틴 루터에게 밝혀졌을 때 그가 전 유럽을 뒤흔들어 놓은 것은 조금도 기이한 일이 아니라 하겠습니다. 여러분은 "의롭게 된다"라는 말의 의미를 아십니까? 그것은 이런 뜻입니다. 의로워 진다라는 것은 하나님 앞에 흠이나 죽음이나 죄없이 산다라는 것입니다. 또 에덴 보다 더 이전으로 돌려지는 것입니다. 하나님은 장부를 뒤지시면서 이렇게 말씀하셨습니다.

"무디야 너에게는 아무 빚이 없다. 다른 사람이 그 빚을 다 청산하여 주었다"

그 곳에는 정죄란 없습니다. "정죄한 자가 누구요? 돌아가신 그리스도이냐?"

누가 저를 정죄할 수 있습니까? 그리스도가 하시겠습니까? 만번이라도 아니다라고 말할 수 있습니다. 그리스도는 그러실 리가 없습니다. 저 귀중한 구절 요한복음 3장 17절이 경시되어 왔습니다. 16절이 너무도 숭고한 까닭에 17절이 잊어진 것입니다.

17절을 보면 "하나님이 그 아들을 세상에 보내신 것은 세상을 심판하려 하심이 아니요 그로 말미암아 세상이 구원을 받게 하려 하심이라"라고 적혀 있습니다.

하나님이여 감사합니다. 그리스도는 세상을 정죄하려 오신 것이 아니요 그는 세상을 구하러 오신 것입니다. 그리스도는 하나님 아버지의 품을 떠나 저 멀리 있는 보좌에서 내려 오사 이 세상의 가장 추한 죄인에게 그의 손을 뻗치사 영광으로 끌어 올리시며 오신 것입니다.

여러분은 죄 짓지 않으셨습니까? 저는 죄를 많이 지었습니다. 그러나 만약 하나님이 저를 용서하여 주시면 그것으로 만족입니다. 성경은 무어라고 말합니까? "너희 죄는 하나도 기록되지 않으리라" 하나님이 만약 저의 모든 죄를 다 씻어주시면 그 죄들은 영원히 잊어지는 것입니다. 사랑하는 나의 친구들이여, 죄 사함을 받는다는 것은 위대한 사실입니다.

다음의 질문은 "누가 우리를 그리스도의 사랑에서 끊으리요?" (35절)입니다.

자 누가 그리하겠습니까? 마귀일까요? 사람일까요? 천사일까요? 바울은 도전을 합니다.

그는 하늘에 도전합니다. 그리고 땅에, 천사에게, 사람에게, 군주와 권력에게 도전합니다. 그리고 그 뿐만 아닙니다. 그는 과거와 현재와 미래의 모든 것에 도전합니다. 또한 안과 밖의 모든 생물과 모든 상태와 죽음과 생명과 높은 자리나 고관이나 깊은 곳이나 땅굴 속이나 형무소나 회초리나 어떤 것도 저를 그리스도의 사랑에서 끊을 수 없습니다. 원수더러 저에게 여럿이 함께 혹은 하나씩 오라 하십시오. 저는 하나도 상관이 없습니다. 원수더러 다함께 몰려오라 하십시오. 나를 이길 원수는 하나도 없습니다.

어째서 그러냐고요? 하나님이 저를 의롭다 하신 까닭입니다. 저는 죽음을 두려워 하지 않습니다. 왜냐고요? 그리스도가 저를 대신하여 죽음을 맛보신 까닭입니다. 저는 심판을 두려워하지 않습니다. 어째서냐고요? 그것은 이미 지나갔으니까요. 저는 끊어지는 것을 두려워하지 않으며 실패할 것을 이야기하지 않습니다.

지금까지 지구 위에서 날아 본 사람이 있다면 그것은 바울이 로마서 8장을 마칠 때 그리한 것입니다. 어떤 분이 말한 바와 같이 바울은 그의 전차를 타고 승리에 가득하여 하늘과 땅 사이를 날았으며 하나님이 적을 감시하고 올테면 오라고 도전을 하였던 것입니다.

"누가 우리들을 그리스도의 사랑에서 끊으리요 환란이나 곤고나

핍박이나 기근이나 적신이나 위험이나 칼이랴 내가 확신하노니 사망이나 생명이나 천사들이나 권세자들이나 현재 일이나 장래일이나 능력이나 높음이나 깊음이나 다른 아무 피조물이라도 우리를 우리 주 예수 그리스도 안에 있는 하나님의 사랑에서 끊을 수 없으리라" 만약 우리들이 하나님의 사랑을 우리 가슴 속에 머물게 하며, 그의 사랑가운데 있으면 아무것도 우리들을 하나님의 사랑에서 끊을 수 없습니다. 이 장에는 세 쌍의 것이 셋 적혀 있는데 여러분의 주의를 환기시켜 봅시다. 삼위일체 즉 하나님 아버지 아들 그리스도와 성령이신 신입니다. 세 가지 "모든 것들"입니다. 즉 모든 것이 합력하여 선을 이루며, 모든 것을 하나님이 저희들에게 값없이 주시며 모든 것이 있어서 우리들은 승리자입니다. 세 가지 신음이 있습니다. 즉 창조의 신음, 신자의 신음, 성신의 신음입니다. 그러나 요한계시록 5장 13절에서 창조의 신음은 끊어집니다. 하나님께 이것을 감사합니다.

런던의 죠셉 파카는 이사야서 35장에 관해서 제가 대단히 훌륭하다고 생각하는 말을 했는데 그는 말하기를 "슬픔과 탄식은 없어져 버릴 것이다" 하였습니다. 그는 또 말하기를 "옛날 사전을 들춰보십시오. 그러면 가끔 발이라고 쓴 말을 보실 것입니다." 하였습니다.

그는 계속해서 말하기를 "슬픔"과 "탄식"이라는 두말이 폐허가 될 날이 온다고 하였습니다. 슬픔과 탄식이 더 존재하지 않고 없어질 것입니다. 이러한 전망을 할 수 있는 것을 하나님께 감사합니다. 저는 하나님께 로마서 8장에 대해서 감사합니다. 만약 여러분이 아직 로마서 8장 속에서 살고 있지 않으시면 그 속에 들어가서 사십시오. 그곳은 대단히 살기 좋은 곳이랍니다.

chapter 11
새 삶의 지혜

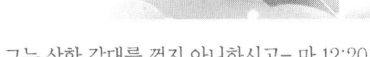

그는 상한 갈대를 꺾지 아니하시고 - 마 12:20

구원을 찾는 사람이 다른 사람의 체험에 매어 달리려 하는 것은 어리석은 일입니다.

많은 사람은 그들의 할아버지 할머니가 체험한 그대로 반복하기를 원하고 있습니다.

나의 친구 한 사람은 들에 가서 회개를 하였는데 그는 모든 마을 사람들도 당연히 그 풀밭 속에 가서 회개하여야만 한다고 생각합니다. 다른 한 사람은 다리 밑에 가서 회개하였는데, 그는 말하기를 신앙을 찾는 사람은 누구나 자기가 주님을 만난 다리 밑에 가야만 한다고 생각합니다. 회개하는데 가장 중요한 것은 바로 그 하나님의 말씀으로 사는 일입니다. 이 세상에서 하나님의 말씀을 가장 귀하게 여기는 사람이 있다면 그가 곧 구원을 받으려고 애쓰고 있는 사람입니다.

사람을 주시고

예를 들어 한 사람이 "나는 힘이 없습니다"하고 말한다면 그에게 로마서 5장 6절을 보여 주십시오. "우리가 아직 연약할 때에 기약대로 그리스도께서 경건하지 않은 자를 위하여 죽으셨도다" 우리에게 그리스도가 필요한 것은 힘이 없기 때문입니다. 그는 약한 자에게 힘을 주시려고 오셨습니다. 또 다른 한 사람이 "나는 볼 수 없다"하고 말할 때에 그리스도께서 "나는 세상의 빛이로다"라고 말씀하셨고(요한복음 8장 12절), 예수님은 빛을 주러 오신 것 뿐만 아니라 "눈 먼 자를 눈 뜨게 하신다"(이사야 42장 7절) 하셨습니다. 또 다른 이가 말하기를 "나는 한 사람이 모든 사람을 단번에 구원할 수 있으리라고 생각되지 않습니다"라고 합니다.

이런 견해를 가진 사람이 어떤 날 밤 신앙 상담실에 왔습니다.

나는 로마서 6장 23절을 함께 읽었습니다. "죄의 삯은 사망이요 하나님의 은사는 그리스도 예수 우리 주 안에 있는 영생이니라" 선물을 받는데 얼마나 오랜 시간이 걸리겠습니까? 당신이 그 선물을 받든가 안 받든가는 순간에 결정될 문제입니다. 당신뿐 아니라 다른 모든 사람도 같은 일입니다. 영생을 받는데 여섯달이나 걸리는 것이 아닙니다. 어떤 경우에 영생의 처음 시작은 겨자씨 같이 매우 작습니다. 어떤 사람은 아침 해가 떠올라 오는 것처럼 천천히 하기 때문에 새벽 먼동이 언제부터 트기 시작했는지 알 수 없게 됩니다.

이와 반대로 어떤 이는 반짝이며 흐르는 유성처럼 진리가 가슴 속에 갑작스레 폭발합니다.

내가 회개하였다고 길을 가로막고 사람들에게 증거할 수는 없는 것입니다. 그러나 중요한 것은 내가 진실로 회개한 것인가를 아는 일입니다. 갓난아기를 아무리 잘 훈련시킨다 해도 나자마자 말할 수 없는 것과 같이 회개하자마자 간증할 수는 없습니다. 그러나 마음에 어떤 변화가 생겨서 신성에 접하는 한 순간이 반드시 있을 것입니다.

즉각적인 회개

어떤 이는 돌연 회개도 믿지 않습니다. 그러나 누구라도 신약에 기록된 회개가 즉각적인 것이 아니라고 증거한다면 나는 서슴치 않고 그에게 도전할 것입니다.

"예수께서 그 곳을 떠나 지나가시다가 마태라 하는 사람이 세관에 앉아 있는 것을 보시고 이르시되 나를 따르라 하시니 일어나 따르니라"(마태복음 9장 9절) 이보다 더 급작스러운 일은 없을 것입니다.

키가 작기 때문에 세리 삭개오는 예수를 보고자 나무 위에 올라

갔습니다. "예수께서 그 곳에 이르사 쳐다 보시고 이르시되 삭개오야 속히 내려오라"(누가복음 19장 5절)고 말했습니다. 그의 회개는 나무 가지에서 땅에 내려오는 동안에 일어난 것이 틀림없을 것입니다. 그는 기쁨으로 예수를 영접하고 말하기를 "주여 보시옵소서 내 소유의 절반을 가난한 자들에게 주겠사오며 만일 누구의 것을 속여 빼앗은 일이 있으면 네 갑절이나 갚겠나이다"(누가복음 19장 8절)고 하였습니다. 오늘날에는 이와 같이 회개를 실생활 속에 나타내는 이는 매우 드문 일입니다. 고넬료의 가족도 갑작스럽게 회개하였습니다. 베드로가 그의 친구들에게 설교할 때에 그들 위에 성령이 역사하여 곧 세례를 받았습니다(사도행전 10장).

오순절에는 삼천명이나 되는 사람들이 기쁨으로 하나님의 말씀을 들었습니다. 그들은 회개만 한 것이 아니라 그 날로 세례를 받았습니다.

길을 가면서 빌립이 내시에게 복음을 전할 때 내시가 빌립에게 말하기를 "보십시오. 여기 물이 있으니 내가 세례를 받음이 무슨 거리낌이 있습니까?"라고 하자 빌립은 "당신이 진심으로 믿는다면 그렇게 할 수 있습니다"고 대답했습니다. 그리하여 두 사람은 물 있는 곳으로 내려 갔습니다. 에디오피아 여왕 밑에서 큰 권세를 가진 그는 세례받은 후 즐거운 마음으로 그의 길을 갔습니다(사도행전 8장 28절). 여러분은 성경 전반을 통해 돌발적이며 즉각적인 회개를 많이 볼 수 있습니다.

어떤 고용인은 그의 주인의 돈을 훔치는 버릇이 있었습니다. 그가 열두 달 동안에 일천 달러를 취했다고 합시다. 그를 보고 내년에는 천 달러의 반인 오백 달러만 훔치고 다음해는 그보다 적게 그래서 오년째는 오십 달러만 훔치라고 말할 수 있겠습니까? 점차적인 회개의 이치를 따지면 이것과 같습니다. 이런 사람이 재판정에서 사면을 받는다 해도 그의 생활 태도를 즉석에서 고칠 수 없기 때문에 별도로 조치하도록 고려하지 않을 수 없을 것입니다.

도둑질을 끊는 방법

성경에 "도둑질 하는 자는 다시 도둑질하지 말고"(에베소서 4장 28절)라는 말이 있습니다. 이것은 "뒤로 돌아가"입니다. 하루에 백 번씩 저주하는 버릇을 가진 사람이 있다고 합시다.

우리가 충고하기를 '오늘은 아흔 번 이상 저주하지 말고 내일은 여든 번만 하시오' 이렇게 말해서 그 사람의 그 버릇을 고칠 수 있겠습니까? 그리스도는 "도무지 맹세하지 말라"(마태복음 5장 34절)고 하셨습니다. 한달에 두 번씩 술을 마시고 부인을 두들기는 사람이 있다고 합시다. 그가 줄여서 한달에 한 번 그 다음에는 여섯 달에 한번 이렇게 꼭 할 수만 있다면 그는 점차적인 회개라고 할 수 있을 것입니다. 그러나 기계가 아닌 이상 그렇게는 못합니다.

전세계의 법칙은 하는 것 아니면 안하는 것입니다. 아나니아를 바울에게 보내는 것을 생각해 봅시다. 그때 바울은 예수의 제자들을 협박 투옥 살해하려고 다메섹으로 가는 길이었습니다. 예수께서 아나니아를 통해 그가 생각한 대로 많은 사람을 죽이지 못하게 하고 그의 마음 속에서 나쁜 마음을 점점 사라지게 하였습니다.

갑자기는 아닙니다. 그가 협박 투옥 살해를 중지하라는 말씀을 듣고 갑자기 그리스도를 가르치기 시작하였습니다. 이 때문에 학자들은 이것을 무시 못 할 만큼 돌연한 변화라고 말합니다. 이 사실이 곧 갑작스러운 회심을 믿지 않는 이들이 사용하는 논증이기도 합니다.

어떤 사람은 또 그리스도를 잡지 못할까 두려워합니다. 이런 사람의 수효는 많고 매우 유망한 사람들입니다. 나는 자기 자신을 믿지 못하는 사람을 보고 싶습니다. 하나님을 바라보는 것은 좋은 일이며 우리가 하나님을 잡는 것이 아니고 하나님이 우리를 잡는다는 것을 또한 기억해야 합니다. 어떤 이는 그리스도를 잡기 원합니다. 그러나 중요한 것은 내 기도에 응답해서 나를 잡아 주실 그리스도를 영접하는 일입니다. 시편 121편을 읽어 봅시다.

내가 산을 향하여 눈을 들리라
나의 도움이 어디서 올꼬
나의 도움이 천지를 지으신 여호와에게로서로다
여호와께서 너로 실족지 않게 하시며

너를 지키시는 자가
졸지 아니 하시리로다
여호와는 너를 지키시는 자라
여호와께서 네 우편에서 네 그늘이 되시나니
낮의 해가 저를 상치 아니하며
밤의 달도 너를 해치 아니하리로다
여호와께서 너의 출입을 지금부터 영원까지 지키시리로다

이것을 여행하는 나그네의 시라고 부르기도 합니다. 이것은 이 세상 나그네 된 우리들에게 잘 알려진 아름다운 시의 하나입니다. 하나님은 옛 사람에게 하신대로 우리에게도 하여 주십니다. 하나님은 애굽에서 요셉을 지켰습니다. 모세는 바로 앞에서, 다니엘은 바벨론에서, 그 암흑한 날에 엘리야를 아합 앞에 설 수 있도록 힘을 주었습니다. 이들은 우리의 처지와 같은 수난의 사람들임을 다행하게 생각합니다. 우리의 소원은 하나님을 의지하는 것입니다.

참된 신앙은 연약한 인간이 굳센 하나님의 팔에 매어 달리는 것입니다. 내가 힘이 없을 때 하나님을 의지하면 강하여 집니다. 문제거리는 우리가 피신해서 교만해지는 데서 생기는 것입니다. 히브리서 6장 17-20절에는 이렇게 기록되어 있습니다.

"하나님은 약속을 기업으로 받는 자들에게 그 뜻이 변하지 아니함을 충분히 나타내시려고 그 일을 맹세로 보증하셨나니 이는 하나님이 거짓말을 하실 수 없는 이 두 가지 변하지 못할 사실로 말미암아 앞에 있는 소망을 얻으려고 피난처를 찾은 우리에게 큰 안위를 받게 하려 하심이라 우리가 이 소망을 가지고 있는 것은 영혼의 닻 같아서 튼튼하고 견고하여 휘장 안에 들어 가나니 그리로 앞서 가신 예수께서 멜기세덱의 반차를 따라 영원히 대제사장이 되어 우리를 위하여 들어 가셨느니라"

붙잡지 못할 두려움

이제 이글은 떨어질까 염려하고 잡지 않을 것 같이 보이는 분에게 드리는 글입니다. 잡아 주시는 것은 하나님의 하실 일입니다. 양을 지키는 것이 목자의 일이라면 양이 목자를 부른다는 이야기를 누가 들은 일이 있습니까? 사람들은 그 자신을 지켜야 하고 또 그리스도도 자기가 지켜야 한다는 그릇된 관념을 가지고 있습니다.

그리스도를 믿는 양들을 조심히 돌보는 것은 목자 되신 그리스도의 일입니다. 그리스도는 그렇게 해 주실 것을 약속하셨습니다.

어떤 선장이 바다에서 풍파를 만나 죽게 되자 그 선장은 "하나님이시여 나를 잡아 주소서"하고 기도 했다는 이야기를 들었습니다. 그는 기독교 신자였습니다.

그 배의 닻은 튼튼한 바위에 걸렸습니다. 그 때 그 배에 탔던 사,

람이 이야기 하는데 "선장은 떨고 있었으나 배는 끔적도 안했습니다." 우리는 튼튼한 디딤돌을 원합니다. "내가 믿는 자를 내가 알고 또한 내가 의탁한 것을 그 날까지 그가 능히 지키실 줄을 확신함이라"(디모데후서 1장 12절)

이것이 사도 바울의 신념이었습니다. 미국 남북전쟁 동안에 한 종군목사가 입원실을 지나다가 다 죽어가는 사람을 만났습니다. 그가 크리스쳔인 것을 알고 어느 교파에 속해 있는지를 물으니 대답하기를 "나는 사도 바울파입니다."라고 하였습니다.

그래서 그가 감리교인 인지 물어 보았습니다. 감리교는 바울을 주장하기 때문입니다.

그는 부인했습니다. 장로교에서도 특히 바울을 주장하기에 "장로교인이냐"고 물으니 역시 부인했습니다. 성공회에서도 바울을 수사도로 취급하고 있으니 "감독파 교회에 속합니까?"고 물어 보았으나 역시 "아니요"라고 말했습니다. 그럼 그는 무슨 교파에 속하였겠습니까? "나의 의뢰한 자를 내가 알고 또한 나의 의탁한 것을 그날까지 저가 능히 지키실 줄을 확신합니다." 이것은 훌륭한 신앙입니다. 그 신앙이 숨겨 가는 군인의 그 죽는 순간에 평안을 주었습니다. 잡아 주지 않을까 두려워하는 이에게 유다서 1장 24절을 보도록 하십시오. "능히 너희를 보호하사 거침이 없게 하시고 너희로 그 영광 앞에 흠이 없이 기쁨으로 서게 하실 이"

이사야 41장 10절과 13절을 보십시오. "두려워하지 말라 내가 너와 함께 함이라 놀라지 말라 나는 네 하나님이 됨이라 내가 너를 굳세게 하리라 참으로 너를 도와 주리라 참으로 나의 의로운 오른손으로 너를 붙들리라 … 두려워하지 말라 내가 너를 도우리라 할 것임이니라" 지금 하나님께서 그의 손으로 나의 오른손을 잡으셨다면 나를 지키실 수 없을까요? 하나님께서 그만한 힘이 없으실까요? 우리가 하나님을 믿는다면 천지를 창조하신 지극히 크신 하나님께서 우리 같은 형편없는 죄인을 감당 못 하실리 없습니다. 떨어질까 두려워 하나님 믿는 것을 주저하는 것은 다시 감옥에 들어올 것을 걱정하여 특사를 거절하는 것과 같고, 물에 다시 빠질 것을 염려해서 건져주는 것을 거절하는 것과 같습니다.

많은 사람들이 신자의 생활을 살펴봅니다. 그리고는 끝에 가서 잡아 주시는데 힘이 쇠해지지 않을까 두려워합니다. 그들은 "네 사는 날을 따라서 능력이 있으리로다."(신명기 33장 25절)라고 하신 언약을 잊어 버렸습니다. 이것은 괘종 시계의 추를 생각나게 합니다. 괘종시계 추가 그렇게 수천 마일을 여행하면 약해질 것 같지만 사실은 똑딱 똑딱 반복함에 따라 날마다 여행 할 수 있는 새 힘을 얻습니다. 내 자신을 하나님에게 맡기고 날마다 하나님을 믿는 것은 기독 신자의 특권입니다. 하나님은 이 은혜를 베푸시는 데에는 시작도 없고 끝도 없습니다.

두 종류의 회의론자

회의자에 두 층이 있습니다. 회의는 하면서도 정직한 내 육신의 가시처럼 늘 여겨오고 있습니다. 그러나 지금은 나를 찌르지 못합니다. 그들도 그들의 인생행로에 바른 길을 발견하기를 바라고 있습니다. 이런 종류의 사람들은 그리스도의 말씀을 어지럽히기 위하여 늘 그 주위를 따라 다니고 있습니다. 그들은 변론하고자 우리들의 모임에 들어옵니다. 이와 같은 사람에게 나는 디모데후서 안에 있는 바울의 충고를 알려줍니다. "어리석고 무식한 변론을 버리라 이에서 다툼이 나는 줄 앎이라"(디모데후서 2장 23절) 무식한 변론! 젊은 귀의자들은 성경 전체를 다 알아야 되는 줄 잘못 생각하기 쉽습니다. 내가 처음 회개하였을 때 성경지식은 대단히 적었습니다. 그러나 나는 성경의 처음부터 끝까지 다 알고 지키지 않으면 안될 것으로 생각하였습니다. 그러나 나는 불신자와의 변론에서 지고 대단히 실망한 일이 있습니다. 지금은 성경을 좀 볼 줄 압니다. 그러나 하나님의 말씀에는 내가 밝히 설명할 수 없는 점이 너무도 많습니다. 논쟁을 좋아하는 불신자들이 나에게 성경을 가지고 무엇을 하느냐고 물으면 나는 아무 것도 하지 않는다고 짤라 버립니다.

"그것을 어떻게 설명합니까?"

"나는 그것을 설명하지 못합니다."

"당신은 성경을 가지고 무엇을 합니까?"

"네, 나는 그것을 믿습니다"

"나는 이해하지 못하는 것을 믿을 수 없습니다"

"나는 믿을 수 있습니다"

나는 이런 식으로 대화를 간단히 대답해 버립니다.

몇년 전만 하여도 신비에 싸여 뜻이 감추어진 성경 구절이 많았습니다. 전에는 빛의 바다를 볼 뿐 그 속에는 무엇이 있었는지 몰랐습니다. 내 영혼의 눈이 밝아짐에 따라 하나님께 대한 새로운 것을 발견하게 되는 것을 기대합니다. 나는 성경을 가지고 논쟁적인 담화를 하지 않기로 작정하였습니다. 한 노 신학자는 논쟁하기를 좋아하는 이를 평하여 그들은 생선 먹고 싶을 때 생선 가시를 집는 것으로 시작하는 사람들이라고 하였습니다.

나는 그들의 마음을 밝게 비쳐주기 전에는 그런 논쟁에 참여하지 않겠습니다. 내가 잘 모르는 것을 설명해야 할 의무는 없습니다.

"감추어진 일은 우리 하나님 여호와께 속하였거니와 나타난 일은 영원히 우리와 우리 자손에게 속하였나니"(신명기 29장 29절) 나는 영혼의 건전함을 얻기 위하여 성경을 받아들이고 그것을 먹고 그것으로 양식을 삼겠습니다.

귀한 충고

그런데 디도서 3장 9절에는 보석처럼 작고 귀한 충고의 말씀이 있습니다.

"그러나 어리석은 변론과 족보 이야기와 분쟁과 율법에 대한 다툼은 피하라 이것은 무익한 것이요 헛된 것이니라" 그러나 여기 한 정직한 회의자가 온다고 합시다. 나는 그를 맞아 병난 아들을 둔 어머니처럼 부드럽게 대할 것입니다. 그가 회의자라는 이유로 그를 내어 쫓고 상대하지 않으려는 사람에게 나는 성의를 보일 수 없습니다.

전에 내가 신앙 상담실에 있었을 때 회의자인 한 부인 신도를 안내하여 준 일이 있습니다.

그 부인은 언젠가 만나본 적이 있는 여인이었습니다. 인도해 준 지 얼마 안되어서 그 부인이 밖으로 나가는 것을 보고 상담자에게 "왜 그 여자를 보냈느냐?"고 물어 보니 "그 여자는 회의자였습니다."라고 대답했습니다. 나는 곧 문 밖으로 뛰어 나가 그 부인을 가지 못하게 하여 다른 교역자에게 소개하였습니다. 그는 그 부인과 함께 장시간 이야기 하고 기도하였습니다. 또 그 여자의 집을 방문하고 그의 남편도 만났습니다. 이렇게 일주일 동안을 지나자 그 유식한 부인은 그 자신이 품었던 회의심을 완전히 내 던지고 열렬한 기독신자가 되었습니다. 시간과 기술과 기도가 있어야 합니다. 정직한 회의자에게는 주께서 우리를 대하시는 것처럼 정성으로 대하는 것이 당연한 일입니다.

여기에 회의에 빠진 자들을 위한 성경 구절이 있습니다.

"사람이 하나님의 뜻을 행하려 하면 이 교훈이 하나님께로부터 왔는지 내가 스스로 말함인지 알리라"(요한복음 7장 17절) 사람이 하나님의 뜻을 행할 생각이 없으면 그 말씀을 알 수 없습니다. 어떤 회의자라 할지라도 하나님이 죄악생활을 중지하기를 원하신다는 것을 모르는 이는 없을 것입니다. 어둠의 죄악 생활에서 돌아서서 밝은 빛을 받고 그 광명을 주시는 하나님께 감사하고 그리고 성경 전체를 단번에 다 알고자 욕심내지 않으면 그의 살림은 날로 빛이 더할 것이요, 한 걸음 한 걸음 전진하여 어둠에서부터 빛나는 하늘나라에 바로 인도될 것입니다. "많은 사람이 연단을 받아 스스로 정결케 하며 회개할 것이나 악한 사람은 악을 행하리니 악한 자는 아무 것도 깨닫지 못하되 오직 지혜 있는 자는 깨달으리라"

"이제부터는 너희를 종이라 하지 아니하리니 종은 주인이 하는 것을 알지 못함이라 너희를 친구라 하였노니 내가 내 아버지께 들은 것을 다 너희에게 알게 하였음이라"(요한복음 15장 15절)

"여호와께서 이르시되 내가 하려는 것을 아브라함에게 숨기겠느냐"(창세기 18장 17절)

하나님의 뜻을 쫓고자 하는 사람은 거의 하나님의 뜻을 알게 됩니다.

사람이 죄악에서 돌아서지 않으면 그는 하나님의 뜻을 알 수 없고 하나님도 그의 비밀을 그에게 나타내지 않습니다. 그러나 사람이 죄악에서 돌아설 때는 그는 비쳐 오는 광명 속에 황홀해 질 것입니다.

성경은 재미없을까?

나는 성경이 이 세계에서 가장 무미건조하고 진부한 책으로 여겨지는 어떤 날 밤 일을 아직도 기억하고 있습니다. 그러나 그 다음날은 완전히 달라졌습니다. 나는 성경의 비밀을 푸는 열쇠를 가지게 되었다고 생각합니다. 나는 성령으로 태어났습니다.

나는 하나님의 뜻을 분명히 알기 전이었으나 죄악의 생활을 그치지 않을 수 없었습니다.

하나님을 안내자로 삼고 나 자신을 맡기는 그 자리에서 하나님은 모든 심령을 만나주실 것이라고 믿습니다.

회의자에 대한 두통거리는 제 잘난 체 하는데 있습니다. 그들은 보다 전능하신 하나님을 알아야겠고 하나님을 따지려는 오만한 마음을 가지지 아니하고 하나님을 영접한 마음을 가질 때 그에게 축복이 있습니다. "너희 중에 누구든지 지혜가 부족하거든 모든 사람에게 후히 주시고 꾸짖지 아니하시는 하나님께 구하라 그리하면 주시리라"(야고보서 1장 5절)